W0363652

ESO 3

Lengua

LENGUA CASTELLANA Y LITERATURA

AUTORAS

Asociación Española de Comprensión Lectora

Raquel Benítez Burraco
María Isabel de Vicente-Yagüe Jara
Elena Jiménez Pérez
Carmen Sánchez Morillas

TRABAJO COOPERATIVO
Pere Pujolàs

FLIPPED CLASSROOM
The Flipped Classroom SL
Raúl Santiago Campión (coordinador)

PROYECTO PBL
Lourdes Carmona Fernández

EMPRENDIMIENTO
César García-Rincón de Castro
Jerónimo García Ugarte

REVISIÓN TÉCNICA
Carmen Chirivella Osma

El 0,7 % de la venta de este libro se destina a proyectos de desarrollo de la ONGD SED (www.sed-ongd.org).

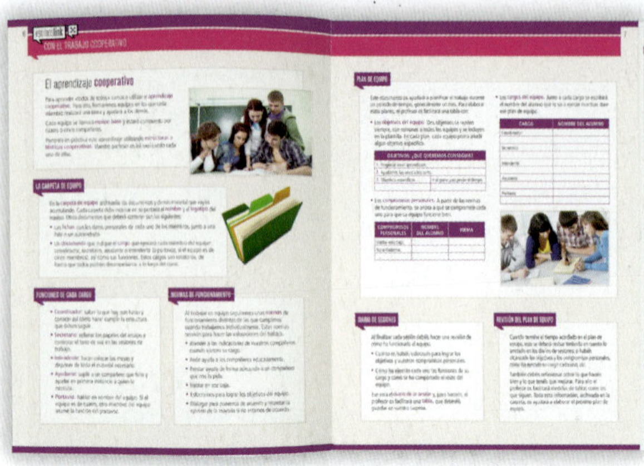

#SOMOSLINK CON EL TRABAJO COOPERATIVO

Pautas fundamentales para estructurar y organizar la clase de forma cooperativa: cómo se forman los grupos, qué función realizará cada alumno, qué dinámicas se seguirán, qué tipo de documentación habrá que manejar, etc.

UNIDAD 0

Esta breve unidad sobre la comunicación pretende servir de repaso y de planteamiento de conceptos generales que ayudarán al alumno a contextualizar los contenidos del bloque de Lengua.

PRESENTACIÓN DE LA UNIDAD

En cada unidad se parte de una imagen sugerente y de distintas cuestiones que invitan a la reflexión y al diálogo sobre experiencias, conocimientos, opiniones...

El trabajo con la destreza de escuchar se inicia en estas páginas a partir de un audio o un vídeo.

ESCUCHAR, HABLAR, LEER, ESCRIBIR

La práctica de las destrezas comunicativas se plantea a partir del análisis y la producción de distintos tipos de textos.

Se incluyen estrategias de lectura y propuestas para la autoevaluación del proceso creativo, así como indicaciones ortográficas.

CONTENIDOS Y ACTIVIDADES

Los contenidos del bloque de *Conocimiento de la lengua* se presentan de forma visual y apoyados siempre con ejemplos y textos. También hay notas de norma y ortografía.

La práctica se aborda con actividades variadas, basadas en textos siempre que es posible.

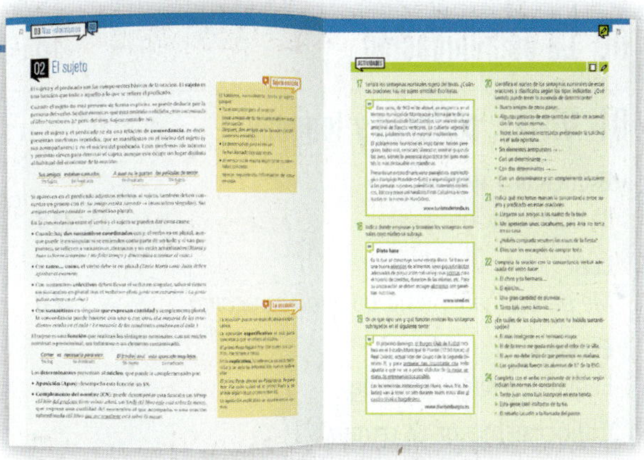

EVALUACIÓN

Todas las unidades concluyen con una propuesta de evaluación dividida en dos partes: la primera, a partir de un texto; y la segunda, con actividades diversas, incluyendo siempre el desarrollo de un mapa conceptual que sintetiza los contenidos principales.

El *Diario de aprendizaje* invita al alumno a reflexionar sobre su proceso de aprendizaje.

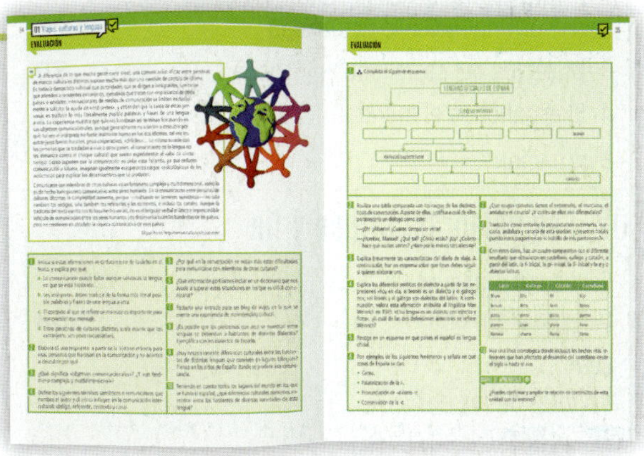

#SOMOSLINK CON LA INNOVACIÓN Y #SOMOSLINK CON PISA

Se incluyen propuestas de *flipped classroom,* PBL y evaluación del talento emprendedor.

También se ofrece un modelo de prueba PISA como orientación para la evaluación final de Educación Secundaria.

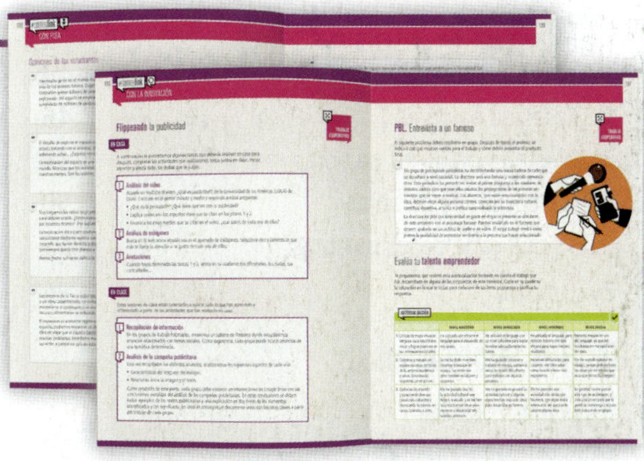

ANEXOS

El libro se completa con estos anexos:

- Animación a la lectura
- Ortografía
- Verbos

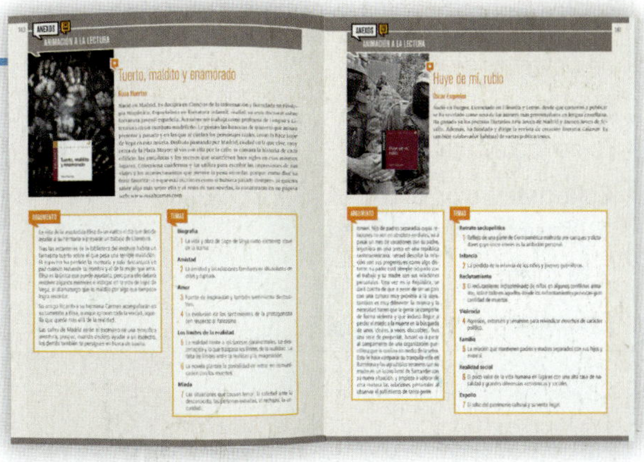

El aprendizaje **cooperativo**

Para aprender «todos de todos» vamos a utilizar el aprendizaje cooperativo. Para ello, formaremos equipos en los que cada miembro realizará una tarea y ayudará a los demás.

Cada equipo se llamará equipo base y estará compuesto por cuatro o cinco compañeros.

Pondréis en práctica este aprendizaje utilizando estructuras o técnicas cooperativas. Vuestro profesor os irá explicando cada una de ellas.

LA CARPETA DE EQUIPO

En la carpeta de equipo archivaréis los documentos y demás material que vayáis acumulando. Cada carpeta debe mostrar en su portada el nombre y el logotipo del equipo. Otros documentos que deberá contener son los siguientes:

- Las fichas con los datos personales de cada uno de los miembros, junto a una foto o un autorretrato.
- Un documento que indique el cargo que ejercerá cada miembro del equipo: coordinador, secretario, ayudante o intendente (o portavoz, si el equipo es de cinco miembros), así como sus funciones. Estos cargos son rotatorios, de forma que todos podréis desempeñarlos a lo largo del curso.

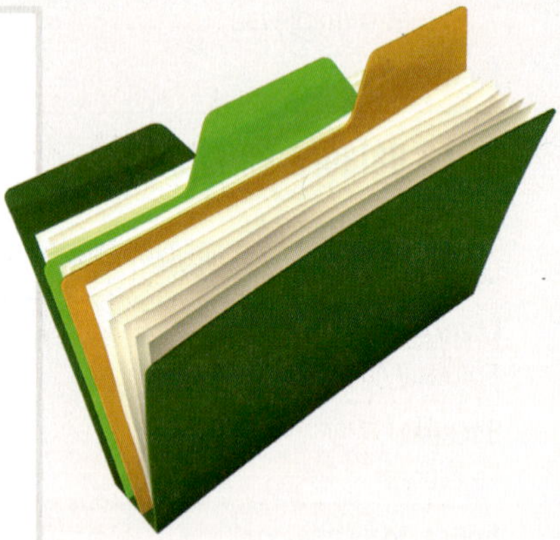

FUNCIONES DE CADA CARGO

- Coordinador: saber lo que hay que hacer y conocer así cómo hacer cumplir la estructura que deben seguir.
- Secretario: rellenar los papeles del equipo y controlar el tono de voz en las sesiones de trabajo.
- Intendente: hacer colocar las mesas y disponer de todo el material necesario.
- Ayudante: suplir a un compañero que falte y ayudar en primera instancia a quien lo necesite.
- Portavoz: hablar en nombre del equipo. Si el equipo es de cuatro, otro miembro del equipo asume la función del portavoz.

NORMAS DE FUNCIONAMIENTO

Al trabajar en equipo seguiremos unas normas de funcionamiento distintas de las que cumplimos cuando trabajamos individualmente. Estas normas servirán para hacer las valoraciones del trabajo.

- Atender a las indicaciones de nuestros compañeros cuando ejercen su cargo.
- Pedir ayuda a los compañeros educadamente.
- Prestar ayuda de forma adecuada a un compañero que nos la pida.
- Hablar en voz baja.
- Esforzarnos para lograr los objetivos del equipo.
- Dialogar para ponernos de acuerdo y respetar la opinión de la mayoría si no estamos de acuerdo.

PLAN DE EQUIPO

Este documento os ayudará a planificar el trabajo durante un periodo de tiempo, generalmente un mes. Para elaborar estos planes, el profesor os facilitará una tabla con:

- Los objetivos del equipo. Dos objetivos se repiten siempre, son comunes a todos los equipos y se incluyen en la plantilla. En cada plan, cada equipo podrá añadir algún objetivo específico.

OBJETIVOS: ¿QUÉ QUEREMOS CONSEGUIR?	
1. Progresar en el aprendizaje.	
2. Ayudarnos los unos a los otros.	
3. Objetivos específicos	Ir al grano y no perder el tiempo.
	...

- Los compromisos personales. A partir de las normas de funcionamiento, se anota a qué se compromete cada uno para que su equipo funcione bien.

COMPROMISOS PERSONALES	NOMBRE DEL ALUMNO	FIRMA
Hablar más bajo.		
No enfadarme.		
...		

- Los cargos del equipo. Junto a cada cargo se escribirá el nombre del alumno que lo va a ejercer mientras dure ese plan de equipo.

CARGO	NOMBRE DEL ALUMNO
Coordinador	
Secretario	
Intendente	
Ayudante	
Portavoz	

DIARIO DE SESIONES

Al finalizar cada sesión debéis hacer una revisión de cómo ha funcionado el equipo:

- Cuánto os habéis esforzado para lograr los objetivos y vuestros compromisos personales.
- Cómo ha ejercido cada uno las funciones de su cargo y cómo se ha comportado el resto del equipo.

Ese será el diario de la sesión y, para hacerlo, el profesor os facilitará una tabla, que deberéis guardar en vuestra carpeta.

REVISIÓN DEL PLAN DE EQUIPO

Cuando termine el tiempo acordado en el plan de equipo, este se deberá revisar teniendo en cuenta lo anotado en los diarios de sesiones: si habéis alcanzado los objetivos y los compromisos personales, cómo ha ejercido su cargo cada uno, etc.

También debéis reflexionar sobre lo que hacéis bien y lo que tenéis que mejorar. Para ello el profesor os facilitará modelos de tablas como los que siguen. Toda esta información, archivada en la carpeta, os ayudará a elaborar el próximo plan de equipo.

MODELO DE RÚBRICA

Evaluación individual de la competencia «trabajo en equipo»

La rúbrica que tenéis a continuación os ayudará a comprobar hasta qué punto habéis conseguido los objetivos, cómo habéis ejercido las funciones de cada cargo y cómo se ha comportado el resto del equipo cuando un compañero ejercía su cargo, y hasta qué punto ha cumplido cada uno su compromiso personal.

Esta rúbrica, junto con otras que os proporcionará el profesor, os ayudará a identificar la puntuación que más se ajusta a la realidad de lo que está pasando o ha pasado.

OBJETIVOS	4	3	2	1	PUNTUACIÓN
1. Progresar en el aprendizaje	Ha estado siempre muy atento y concentrado en la tarea cuando hemos trabajado en equipo.	Algunas veces (1/3) no ha estado muy atento y concentrado en la tarea cuando hemos trabajado en equipo.	Pocas veces (1/3) ha estado suficientemente atento y concentrado en la tarea cuando hemos trabajado en equipo.	Nunca o casi nunca ha estado atento y concentrado en la tarea cuando hemos trabajado en equipo.	
	Ha progresado en el aprendizaje en todas las unidades, o en la mayoría (en la autoevaluación final de las diferentes unidades siempre, o casi siempre, ha tenido una puntuación más alta que la del inicio).	En unas cuantas unidades (1/3) no ha progresado en el aprendizaje (en la autoevaluación final de las diferentes unidades unas cuantas veces –1/3– no ha tenido una puntuación más alta que la del inicio).	En pocas unidades (1/3) ha progresado en el aprendizaje (en la autoevaluación final de las diferentes unidades pocas veces–1/3– ha tenido una puntuación más alta que la del inicio).	En ninguna o en casi ninguna unidad ha progresado en el aprendizaje (en la autoevaluación final de las diferentes unidades nunca o casi nunca ha tenido una puntuación más alta que la del inicio).	
2. Ayudarnos unos a otros	Cuando ha sido necesario, siempre ha pedido ayuda y la ha agradecido con mucha corrección.	Algunas veces, si ha necesitado ayuda, la ha pedido o la ha agradecido de una forma no suficientemente correcta.	Bastantes veces, si ha necesitado ayuda, la ha pedido o la ha agradecido de una forma no suficientemente correcta.	Nunca o casi nunca, si ha necesitado ayuda, la ha pedido o la ha agradecido de una forma suficientemente correcta.	
	Siempre que se la han pedido, ha dado ayuda a un compañero o compañera de forma correcta (explicándole cómo debía hacer algo, no dejándoselo copiar).	Algunas veces, si se la han pedido, ha prestado ayuda a un compañero de manera no suficientemente correcta (dejándole copiar algo, no explicándoselo).	Bastantes veces, si se la han pedido, ha prestado ayuda a un compañero de manera no suficientemente correcta (dejándole copiar algo, no explicándoselo).	Nunca o casi nunca, si se la han pedido, ha prestado ayuda a un compañero de manera suficientemente correcta (dejándole copiar algo, no explicándoselo).	
3. Objetivo específico	Lo ha conseguido en gran medida… Lo ha tenido siempre muy en cuenta…	Algunas veces no lo ha conseguido… Algunas veces no lo ha tenido en cuenta…	Pocas veces lo ha conseguido… Pocas veces lo ha tenido en cuenta…	Nunca o casi nunca lo ha conseguido… Nunca o casi nunca lo ha tenido en cuenta…	

COMPROMISOS	4	3	2	1	PUNTUACIÓN
Compromiso X	Ha cumplido en gran medida este compromiso personal.	Ha cumplido bastante bien este compromiso personal.	Ha cumplido no suficientemente bien este compromiso personal.	Ha cumplido muy poco o nada este compromiso personal.	

OBJETIVOS	4	3	2	1	PUNTUACIÓN
Coordinador	Sabía muy bien lo que teníamos que hacer y ha coordinado muy bien el trabajo, haciendo seguir los pasos de la estructura propuesta.	Sabía bastante bien lo que teníamos que hacer y ha coordinado bastante bien el trabajo haciendo seguir los pasos de la estructura propuesta.	No sabía bien lo que teníamos que hacer o no ha hecho seguir suficientemente bien los pasos de la estructura propuesta.	No sabía lo que teníamos que hacer, o no ha hecho seguir los pasos de la estructura propuesta.	
Secretario	Ha controlado muy bien el tono de voz durante la sesión de trabajo y ha cumplido muy bien las demás funciones suyas.	Ha controlado bastante bien el tono de voz durante la sesión de trabajo y ha hecho bastante bien las demás funciones suyas.	Ha controlado no suficientemente bien el tono de voz durante la sesión de trabajo ha realizado no suficientemente bien las demás funciones suyas.	Ha controlado muy poco o nada el tono de voz durante la sesión de trabajo o ha hecho muy poco o nada bien las demás funciones suyas.	
Ayudante	Ha sustituido muy bien en su cargo a un compañero que ha faltado a clase, y ha ayudado de forma muy correcta a quien lo ha necesitado.	Ha sustituido bastante bien en su cargo a un compañero que ha faltado a clase, o ha ayudado de forma bastante correcta a quien lo ha necesitado.	Ha sustituido no suficientemente bien en su cargo a un compañero que ha faltado a clase, o ha ayudado de forma no del todo correcta a quien lo ha necesitado.	Ha sustituido muy poco o nada bien en su cargo a un compañero que ha faltado a clase, o ha ayudado de forma muy poco o nada correcta a quien lo ha necesitado.	
Intendente	Se ha responsabilizado muy bien de que todos trajeran el material y de que cuidaran el material común y, si ha sido necesario, de colocar las mesas para trabajar en equipo.	Se ha responsabilizado bastante bien de que todos trajeran el material y de que cuidaran el material común y, si ha sido necesario, de colocar las mesas para trabajar en equipo.	Se ha responsabilizado poco de que todos trajeran el material y de que cuidaran el material común y, si ha sido necesario, de colocar las mesas para trabajar en equipo.	Se ha responsabilizado muy poco o nada de que todos trajeran el material y de que cuidaran el material común y, si ha sido necesario, de colocar las mesas para trabajar en equipo.	
Portavoz	Sabía muy bien lo que tenía que decir y lo ha dicho muy bien.	Sabía bastante bien lo que tenía que decir y lo ha dicho bastante bien.	No sabía lo que tenía que decir ni lo ha dicho suficientemente bien.	Sabía muy poco o nada bien lo que tenía que decir y lo ha dicho muy poco o nada bien.	

EVALUACIÓN INDIVIDUAL DEL TRABAJO EN EQUIPO. RESUMEN	
Puntuación total del apartado OBJETIVOS (a):	
Puntuación total del apartado CARGOS (b):	
Puntuación total del apartado COMPROMISOS PERSONALES (c):	
Puntuación TOTAL de la rúbrica (a+b+c) (1):	
Número de casillas puntuadas en los tres apartados (2)	
PUNTUACIÓN OBTENIDA (sobre 10): (1) / [(2) · 3] · 10 =	

UNIDAD 0

LA COMUNICACIÓN

01 El proceso de comunicación

La **comunicación** es un proceso por el que usamos **signos** (elementos que representan o sustituyen a otros). Gracias a ellos somos capaces de evocar realidades en la mente de un receptor. Aunque normalmente con la comunicación se transmite información, su finalidad no es siempre esa transmisión, pues también se usan estos signos para crear vínculos, expresar emociones o pedir que otros actúen. Los signos se relacionan con la realidad que representan de tres formas diferentes. En función de esa relación se dividen en iconos, indicios y símbolos:

ICONOS

Relación por **semejanza.** Si en un excusado vemos una silueta con falda y en otro una con pantalones, entenderemos que el primero es para uso femenino y el segundo para uso masculino. Los iconos se suelen emplear en contextos multilingües, pues se entienden sin necesidad de ser traducidos a una lengua.

INDICIOS

Relación por **causalidad.** El humo nos indica que hay fuego, pues el humo es causado por el fuego. Este tipo de signos se dan en la naturaleza y, por tanto, en el ser humano. Así, por ejemplo, la risa es indicio de alegría y la voz nasalizada es indicio de un resfriado o una alergia.

SÍMBOLOS

Relación por **convención.** Representan una realidad por acuerdo de los receptores. La relación de los símbolos con la realidad que representan es arbitraria. Las señales de tráfico que indican peligro son triangulares, pero podrían ser cuadradas. El símbolo que se muestra en la imagen representa la paz de forma arbitraria.

Los **signos lingüísticos** son **símbolos**, pues en ellos la relación entre su forma (su sonido) y su significado es convencional y depende de cada lengua. Lo que en español se dice *mesa*, en inglés se dice *table*, por ejemplo, pero la realidad a la que se refieren es la misma.

En la comunicación humana usamos los signos lingüísticos o verbales acompañados de signos o comunicación no verbal. Unas veces estos signos son icónicos (por ejemplo, cuando hacemos gestos hacia arriba con la mano a la vez que decimos «¡Levántate!»), y otras veces son convencionales (como el signo para «OK», que consiste en unir formando un círculo el dedo pulgar y el índice).

01.1 Elementos y funciones de la comunicación

En todos los procesos de comunicación intervienen los siguientes **elementos** y **funciones:**

- **Emisor:** es el que transmite el mensaje. Cuando la comunicación se centra en el emisor decimos que tiene **función expresiva** o **emotiva** *(¡Qué alegría más grande!)*.

- **Mensaje:** es la información transmitida. Cuando nos centramos en el aspecto formal del mensaje, decimos que el texto tiene **función poética** (*«Deja, deja que mire teñido de amor»,* Vicente Aleixandre).

- **Canal:** es el medio físico por el que se transmite el mensaje. En el caso del ser humano, suele ser el canal sonoro, cuando percibimos por el oído, y el canal visual, cuando lo hacemos por la vista (no solo en la percepción de gestos y de información no verbal, sino también a través de la escritura). La escritura y el habla presentan diferencias en el código: normalmente no hablamos igual que escribimos, pues la escritura tiene una sintaxis más elaborada.

  También puede haber comunicación táctil (así lo hacen las personas sordociegas). En ocasiones, usamos los mensajes para comprobar si el canal está funcionando, y a esto se le llama **función fática** *(¿Me oyes?)*.

- **Receptor:** es el que recibe y debe interpretar el mensaje. Cuando el mensaje está destinado a provocar una respuesta del emisor, tiene **función exhortativa** o **imperativa** *(Ven ahora mismo)*. El receptor y el emisor alternan sus papeles en una comunicación directa, como una conversación, aunque esto no ocurre en una comunicación no directa (por ejemplo, en el caso de la recepción de una obra literaria, donde el receptor no se convierte a su vez en escritor).

- **Contexto:** el contexto lingüístico es el conjunto de elementos lingüísticos que rodean el mensaje. La situación comunicativa es el contexto extralingüístico en el que tiene lugar la comunicación. Cuando la comunicación es directa, emisor y receptor comparten el contexto, pero también podemos comunicarnos a distancia (con una carta, con el teléfono, por Internet...) y entonces hay una parte del contexto extralingüístico que no compartimos. Por otro lado, cuando el emisor emite su mensaje en una época y este es recibido por receptores de otra, es mucho más difícil entenderlo, porque el contexto no es compartido. El contexto es en muchas ocasiones el referente inmediato del mensaje, cuando esto sucede nos encontramos ante la **función informativa** o **referencial** *(El coche está ahí)*.

- **Código:** puede ser verbal o no verbal. Es el conjunto de unidades y reglas para combinarlas y construir mensajes. La lengua española, como toda lengua, es un código donde distintas unidades se combinan según unas reglas. Hay mensajes que están dedicados a explicar cómo es el código lingüístico. Se dice que tienen **función metalingüística** *(El sujeto es una parte de la oración)*.

El **enunciado** es la unidad mínima de comunicación, construida siguiendo las reglas del código y situada en un contexto determinado. Los enunciados pueden estar formados por oraciones o por frases. En este último caso, no tienen verbo *(¡Hola!)*.

En la situación comunicativa de la imagen (un grupo de alumnos viendo sus notas) reconocemos los siguientes elementos:

Emisor: la chica que levanta sus brazos en señal de victoria.

Receptores: los chicos que componen la fila.

Código: no verbal (gestual).

Contexto: el recibidor de un colegio, un grupo de alumnos viendo sus notas.

Mensaje: «¡Victoria!», de lo que se deduce que ha aprobado.

Canal: visual.

02 El código lingüístico: del sonido a la oración

La lengua es un código compuesto por signos lingüísticos, esto es, elementos verbales que evocan a otros: a partir de las unidades mínimas de significación (los morfemas) podemos referirnos a seres, ideas, acciones... El código lingüístico tiene una serie de reglas combinatorias que permiten, partiendo de los sonidos, crear elementos cada vez más complejos hasta llegar a las oraciones.

Reglas fonológicas

El núcleo de la sílaba es la vocal. Cuando se combinan dos o tres vocales, se forman diptongos o triptongos. Las consonantes se sitúan antes y después del núcleo. Las sílabas que reciben el acento de intensidad se llaman tónicas.

Reglas morfológicas

Los morfemas son las unidades mínimas con significado. A partir de una raíz, se forman nuevas palabras con prefijos y sufijos derivativos, y formas de la palabra con sufijos flexivos. Cuando se combinan dos raíces o más, tenemos palabras compuestas.

Reglas sintácticas

Los sintagmas se forman a partir de palabras: algunas de ellas pueden ser núcleo de sintagma y otras sirven para completar el sentido de esos sintagmas, o como elementos de unión. Cada palabra seguirá unas reglas sintácticas según su categoría gramatical. También será esta categoría la que permita a los sintagmas realizar funciones dentro de la oración.

La oración está compuesta normalmente de sujeto y predicado, y las oraciones pueden combinarse entre sí para formar otras de tipo complejo.

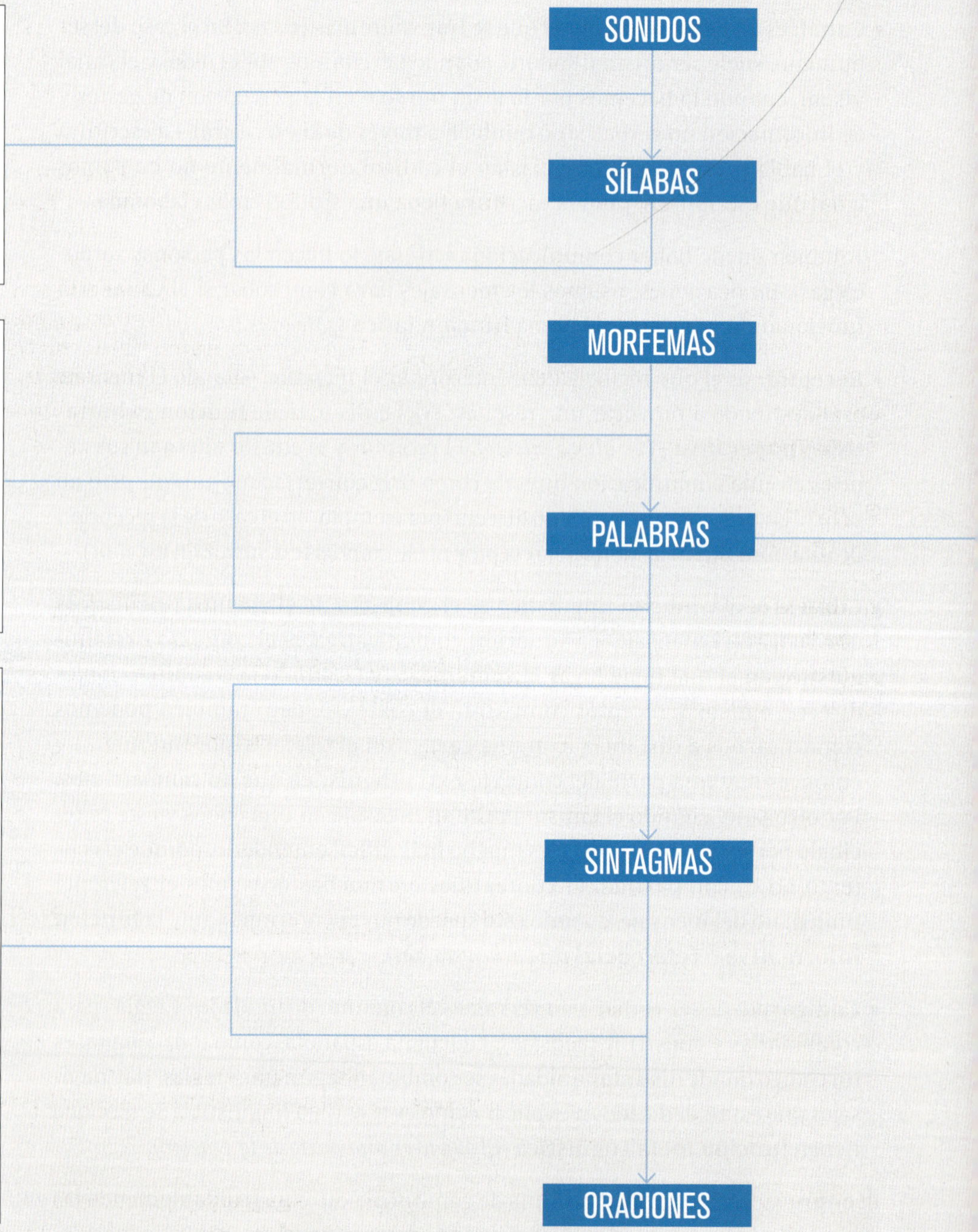

Las palabras se combinan de una manera u otra en función de la categoría gramatical a la que pertenecen. Dichas castegorías o clases de palabras se definen por su forma, función y significado.

Variables

CLASES DE PALABRAS	SIGNIFICADO	FORMA	FUNCIÓN
Sustantivo	Designa personas, animales, objetos materiales y cosas inmateriales (como ideas, sentimientos, relaciones...).	Presenta género y número.	Núcleo del sintagma nominal.
Adjetivo	Expresa una cualidad o una relación del elemento al que acompaña.	Presenta género, número y grado.	Núcleo del sintagma adjetival, que puede complementar a sustantivos y verbos.
Determinante	Acompaña al sustantivo, incluyendo en ocasiones alguna información sobre él: localización, cantidad, posesión…	Presenta género y número. En los posesivos, también persona.	Presenta, actualiza o cuantifica al sustantivo.
Pronombre	Sirve para referirse a los participantes de la comunicación o para sustituir al SN.	Presenta género, número y persona. En los personales, también marca de función.	Las mismas que un sustantivo.
Verbo	Expresa acciones, estados o procesos.	Presenta persona, número, tiempo, modo y aspecto (este, muchas veces, por combinación con el verbo *haber* formando los tiempos compuestos).	Núcleo del predicado. Como incluye morfemas referentes al sujeto, puede formar oración por sí solo.

Invariables

CLASES DE PALABRAS	SIGNIFICADO	FORMA	FUNCIÓN
Adverbio	Indica tiempo, modo, manera, cantidad…	Invariable	Modifica adjetivos y adverbios, o complementa a verbos.
Preposición	Establece una relación entre elementos, con diversos matices: dirección, pertenencia, situación...	Invariable	Funciona como enlace ante un sintagma que la complementa y que cumple la función de término. El conjunto actúa de complemento en otros sintagmas.
Conjunción	Une palabras, sintagmas y oraciones con distintos matices.	Invariable	Sirve como nexo para unir palabras, grupos de palabras y oraciones que pueden o no estar en una relación de dependencia.
Interjección	Expresa asombro, dolor, alegría, saludo, despedida…	Invariable	No desempeña ninguna función en la oración.

03 Los textos y sus tipologías

Un enunciado o una combinación coherente de enunciados pueden formar **textos**, que constituyen la unidad lingüística máxima con sentido completo. En función del **canal** de transmisión podemos tener textos orales o escritos. Según la **intención comunicativa**, los textos orales y escritos se clasifican en:

- **Descripción.** Presenta las características de personas, lugares u objetos.

> Platero es pequeño, peludo, suave, tan blando por fuera que se diría todo de algodón, que no lleva huesos... (Juan Ramón Jiménez).

- **Narración.** Cuenta hechos reales o historias inventadas que han sucedido a unas personas o personajes en un momento y lugar concretos.

> Todo el mundo fijó sus miradas en aquel punto. El órgano estaba solo, y, no obstante, el órgano seguía sonando... (Gustavo Adolfo Bécquer).

- **Diálogo.** Refleja un intercambio de información o uso alterno de la palabra entre dos o más personas.

> —¿A qué hora es el examen?
> —A las 12.
> —De acuerdo, gracias.

- **Exposición.** Explica e ilustra los contenidos de una materia, con el fin de hacerla comprensible a los receptores.

> El Romanticismo representa una época de la historia que aspira a la fusión de las artes.

- **Argumentación.** Intenta convencer con razonamientos, defendiendo la opinión del emisor y rebatiendo las opiniones ajenas.

> Las innovaciones tecnológicas tienen un efecto profundo sobre las destrezas que se demandan en el mercado laboral actual. Por tanto, los estudiantes deberán adquirir habilidades de lectura y dominio digital para abrirse camino.

- **Instrucción.** Dispone una serie de normas u orientaciones que el receptor debe seguir.

> Después de la señal acústica de cierre de puertas, no intente subir ni bajar del metro.

Además de la clasificación anterior, podemos caracterizar los textos según otros criterios. Según la forma que presenten, los textos pueden dividirse en **continuos** y **discontinuos.** Los continuos solo se componen de elementos lingüísticos; los discontinuos no son exclusivamente lingüísticos y presentan la información verbal fragmentada. Ocurre esto en cuadros y gráficas, tablas, diagramas, mapas, formularios, anuncios publicitarios...

Texto continuo

Texto discontinuo

Según el **ámbito de uso,** la **intención comunicativa** y el **canal** utilizado, se definen diferentes géneros textuales: muchos de ellos se estudiarán detenidamente en este curso. Algunos, como la conferencia, son propios del canal oral; otros, como el blog, específicos del canal escrito. Finalmente, hay géneros, como la noticia o el reportaje, que pueden presentarse de forma escrita u oral, con las adaptaciones que requiere cada canal.

En todos los ámbitos de uso se dan géneros textuales de diversa modalidad, aunque el ámbito académico suele preferir los textos expositivo-argumentativos. Hay géneros con una modalidad clara, como ocurre con la noticia (modalidad narrativa), otros se definen por una combinación de ellas: así, aunque el fin último de la publicidad es persuadir y por tanto puede considerarse un texto argumentativo, se ayuda de narraciones o descripciones para ello.

En la siguiente tabla se recogen los géneros textuales que se estudiarán en este curso. Ten en cuenta que, a pesar de la división de ámbitos, hay textos que cruzan las fronteras entre uno y otro. Por ejemplo, un blog es personal pero su difusión es social. En el caso de la literatura, se suele incluir en el ámbito personal, pero también puede darse una recepción en un ámbito social, como ocurre con el teatro.

ÁMBITOS DE USO	EJEMPLOS	
	Oral	Escrito
Personal	Conversación, canción, teatro.	Blog, diario de viaje, égloga, *story-board.*
Académico-escolar	Exposición oral, conferencia.	Ensayo, apuntes.
Social	Intervención en programa de radio, debate.	Artículo de opinión, carta al director.
	Noticia, crónica, reportaje, publicidad, entrevista.	

01 Viajes, culturas y lenguas

¿Qué contenidos prevés que vas a estudiar en esta unidad?

Viajar es una excelente manera de aprender, practicar distintas lenguas y acumular experiencias. Conocer la lengua del país que visitamos nos facilita la comunicación y nos permite acercarnos más a las distintas culturas.

1 ¿Cuántas lenguas conoces? ¿Qué te aporta conocerlas?

2 ¿Crees que sería deseable la existencia de una única lengua común? ¿Por qué?

Escucha en qué consiste el proyecto de Google *Endangered Languages* y contesta a estas preguntas:

AUDIO 1.1.
En tu libro digital

1 ¿Qué relación hay entre lenguaje y cultura?

2 ¿Se deben preservar las lenguas en peligro? ¿Por qué?

3 ¿Cuántas lenguas están en peligro de extinción?

4 ¿En qué consiste el proyecto *Endangered languages*?

La conversación

La conversación es una actividad comunicativa de tipo oral en la que intervienen dos o más hablantes o interlocutores. Cada uno de ellos puede ser el **emisor** o el **receptor**, esto es, pueden intercambiar sus papeles comunicativos. Además, no hablamos igual en todas las circunstancias: dependiendo de la **situación** (el contexto extralingüístico) la conversación será formal o coloquial.

Nos encontramos ante una **conversación coloquial** cuando hablamos con un amigo, con nuestros padres o hermanos, con un compañero del colegio... Las **conversaciones formales** se producen en otras situaciones; por ejemplo, en una cita médica, en una entrevista de trabajo, en un juicio o en una reunión con el director de un colegio.

Dependiendo de la situación en la que nos encontremos variará el **registro**, que es la manera de expresarnos elegida según las circunstancias (no hablamos igual a un amigo que con un profesor cuando nos hace una pregunta en clase). Estas son las características de cada una de ellas:

Videoconferencias

Para que se produzca una conversación, necesitamos que los interlocutores estén presentes, sea cara a cara o por teléfono, en videoconferencias o en videochats.

Conversación formal

- La situación comunicativa suele estar planificada.
- No hay una relación amistosa o familiar entre los hablantes; puede ser que no se conozcan o que exista distancia social.
- El tema de la conversación se conoce previamente o ha sido pactado por los interlocutores.
- Los turnos de palabra siguen un orden lógico.
- Se procura utilizar un lenguaje cuidado carente de expresiones coloquiales, bromas o juegos de palabras.
- El tratamiento elegido para la comunicación es de *usted*.

Conversación coloquial

- Muchas veces la comunicación no está planificada.
- Los hablantes muestran familiaridad en el trato.
- El tema de la conversación no tiene que estar establecido de manera previa.
- La duración de los turnos de palabra no es fija; tampoco el tiempo que dura la conversación ni el orden de los turnos.
- El lenguaje empleado puede contener bromas, juegos de palabras y expresiones coloquiales.
- Los interlocutores se tutean.

La estructura de una conversación, tanto formal como coloquial, tiene tres partes fijas. Aunque la manera de saludar, intervenir y despedirse difieran según el tipo de conversación:

Presentación y/o saludos → **Desarrollo** → **Despedida**

Durante una conversación los hablantes hacen uso de los códigos lingüísticos (la palabra) y los no lingüísticos (gestos, movimientos, miradas, tono, voz, ritmo...), que difieren según la conversación. Necesitamos, pues, como en cualquier otro acto de comunicación, que se comparta el código o códigos utilizados para que se interprete correctamente el mensaje.

Tu turno

1 Escucha la siguiente conversación radiofónica sobre Ginebra, extraída del programa de rtve «Buscando la foto», y contesta a estas preguntas:

- ¿En qué sentido es Ginebra la «capital del mundo»?
- ¿Por qué las organizaciones internacionales se instalaron en Ginebra y cuándo? ¿Cuántas ONG hay allí?
- ¿Dónde se sitúa la parte antigua de Ginebra?
- Cita dos pensadores que vivieron allí.

AUDIO 1.2

- ¿Sabes que Suiza es un país multilingüe? Averigua cuántas lenguas oficiales tiene.

2 La conversación que acabas de oír es formal. Sin embargo, ¿qué características de una conversación coloquial se pueden encontrar en ella?

3 Por el lenguaje utilizado, ¿podríamos decir que se trata de una conversación formal? Pon algún ejemplo.

4 Los interlocutores de una conversación normalmente incluyen sonidos de asentimiento («claro», «mmm», «ah...») que favorecen la llamada función fática. Esta función se centra en mantener abierto y operativo el canal de comunicación.

- ¿Qué ejemplos de estos sonidos puedes encontrar en el texto?

5 Ahora, en grupos, vais a inventar y representar una conversación. Debéis tener en cuenta que, para que se desarrolle con fluidez y se produzca un intercambio de información sin malentendidos, es imprescindible respetar el **turno de palabra,** escuchar cada una de las intervenciones y mostrar **respeto** por todas las opiniones. Es esencial también **no repetirse,** para lo que es importante estar atentos a lo que otros dicen. Para su elaboración, debéis seguir los siguientes pasos:

1.º Haced grupos de cuatro personas, que a su vez se dividirán en dos.

2.º Cada pareja debe escoger una de estas dos situaciones comunicativas orales con las siguientes características:

a. Una conversación coloquial entre dos amigos, que están planeando hacer un viaje en las vacaciones (discuten sin terminar de ponerse de acuerdo). Podéis introducir una variación: la aparición de un tercero que intente mediar entre ellos.

b. Una conversación entre un jefe y su trabajador, sobre la subida de sueldo que el empleado solicita.

3.º Sin ningún tipo de guion, ensayad la conversación seleccionada.

4.º Representad, por turnos, la acción improvisada frente a vuestros compañeros de grupo.

5.º Cuando vuestros compañeros actúen, el resto de los miembros del grupo serán los expertos en expresión oral que tienen que valorar la actividad.

6.º Luego, podéis cambiar los papeles para así representar todos los dos tipos de conversaciones.

*

En una conversación formal se emplea un lenguaje culto en el que no es adecuado utilizar expresiones coloquiales; debe prevalecer el uso de las fórmulas de respeto *(usted)* y, aunque el saludo y la despedida también se dan en la conversación coloquial, en este caso no debe olvidarse y ha de ser siempre formal *(Buenos días, ¿Cómo estás?, Adiós, Hasta pronto)*.

LEER

Inferir es el resultado de usar nuestro conocimiento para entender una información; así se pueden formular **hipótesis** (con resultados posibles), por ejemplo: «está nublado, quizá llueva», o componer **argumentos** (con resultados conocidos), por ejemplo: «no es posible imprimir porque me he dado cuenta de que no tiene tóner». Inferir es sacar conclusiones, conducir a un resultado, evaluar información y deducir consecuencias.

Para entender bien el título de este texto, deberás conocer una frase similar que hizo famosa una serie de dibujos animados, ¿reconoces cuál es? Si es así, estarás usando tus conocimientos; si no, deberás incorporar esa información para un entendimiento más completo.

Singapur, 27 de agosto de 2013

Me parece haber visto un lindo caracolito...

Tengo miedo a los caracoles. Ya está, ya lo he dicho. Más que miedo, un pánico patológico, auténtica fobia. Y, cuando digo caracoles, incluyo también babosas y cualquier otro tipo de molusco gasterópodo, con concha o sin ella. PÁ-NI-CO: si veo uno de estos animales cerca, me pongo muy nerviosa, y si el encuentro se da por sorpresa puedo sufrir una verdadera crisis, con su sensación de ahogo, taquicardia, llanto descontrolado y sudores en las palmas de las manos. **Los caracoles, en su mucosa y nauseabunda pequeñez, son los únicos seres del mundo con capacidad para anularme y destruirme.** Parece divertido, pero no lo es.

Sirvan estos antecedentes como introducción a uno de los momentos más dramáticos (y ridículos) que he protagonizado viajando, concretamente en Singapur, cuando me alojaba en casa de Kuni. Hasta ese momento mi viaje, en lo que al tema *caracoril* respecta, había ido sobre ruedas: en Asia no hay caracoles ni babosas, o eso creía yo porque no había tenido el disgusto de encontrarme con ninguno (y había estado en zonas montañosas, bosques y selvas, con lluvias y sin ellas).

Un día que había llovido mucho pasamos la tarde en casa, y al caer la noche decidí ir al centro comercial que había al otro lado de la calle para cenar en su *foodcourt*. Salí del portal y, en el caminito hasta la verja de entrada a la urbanización, tenuemente iluminado por luces a ras de suelo, me pareció ver **la silueta de unas piedras muy grandes.** Pero no una, ni dos, ni tres: muchas. «Qué extraño», pensé acercándome con decisión a una de ellas para ver qué era aquello que no estaba ahí horas atrás. Cuando me quise dar cuenta, los objetos misteriosos se revelaron como **CARACOLES GIGANTES**, y no exagero: en Singapur hay unos caracoles de tamaño mayor a dos puños juntos, con una gran concha en forma de espiral picuda y «cuerpo» (baboso, asqueroso) proporcional a la misma. Y yo estaba rodeada por decenas de ellos.

El resto de la historia lo recuerdo mal. Sé que quedé paralizada unos instantes y luego empecé a llorar y a chillar descontroladamente, sin atreverme a dar un paso en ninguna dirección, hasta que una mujer salió del portal espantada, pensando que me estaban atacando. Y luego otros dos chicos más, entre quienes me sacaron de ahí. No es necesario decir que esa noche me quedé sin cenar.

Carmen Teira, *Trajinando por el mundo:* http://trajinandoporelmundo.com

ACTIVIDADES

1 ¿Cuáles son los moluscos gasterópodos que se mencionan en el texto?

2 ¿Se puede inferir por el texto dónde creía Carmen que había más caracoles en Asia?

3 ¿Cuál de estas afirmaciones es falsa?

a. Carmen salió a dar un paseo al anochecer y unos caracoles la atacaron.

b. Carmen tuvo un incidente en una isla asiática con unos caracoles gigantes.

c. A la protagonista del blog le dan terror los moluscos gasterópodos.

d. La iluminación de la urbanización era sutil, y apenas dejaba reconocer siluetas y formas.

4 ¿Cómo se puede deducir por el texto que la narradora confiesa un secreto que le avergüenza? ¿Cuál es ese secreto?

5 ¿Qué es lo que le produce extrañeza a la viajera?

a. Ver piedras grandes en el camino de la urbanización.

b. Que aparecieran elementos picudos donde horas antes no estaban.

c. Que la concha de los caracoles fuera picuda y su cuerpo carnoso del mismo tamaño del caparazón.

d. Que la urbanización en la que se encontraba estuviera tenuemente iluminada.

6 ¿Por qué crees que Carmen se quedó sin cenar?

7 Elige la opción más probable: ¿por qué Carmen recuerda mal el final de la historia?

a. Porque sintió un ataque de ansiedad y a partir de su mala experiencia no se centró en nada más que en su pánico.

b. Porque pasó todo muy rápido, se fue corriendo sin pensar.

c. Porque no quiere acordarse y escribir más.

d. Porque tiene mala memoria.

8 ¿Podrías decir, después de leer esta experiencia que narra Carmen en primera persona, que en el entendimiento entre personas interviene algo más que las lenguas? Justifica tu respuesta.

MÁS QUE PALABRAS

1 Busca agrupaciones de palabras en el texto que respondan a un tema. Por ejemplo: *miedo, pánico* y *fobia* para *temor*.

2 Continúa esta secuencia: *caer la noche, ir sobre ruedas…* ¿De qué fenómeno lingüístico estamos hablando?

3 ¿Hay alguna palabra inventada por Carmen en el texto? ¿Cuál es?

4 El vocabulario activo de una persona lo forman las palabras que conoce y sabe utilizar, y el pasivo, aquellas cuyo significado conoce o puede deducirlo, pero no puede usar de forma autónoma. Haz una lista de, al menos, cinco palabras que pertenezcan a tu vocabulario pasivo y crea frases con ellas.

ESTRATEGIAS DE LECTURA

«¡Vocabularízate!»

El vocabulario te ayudará a comprender tus lecturas, a captar las ironías, a formular las preguntas de forma más exacta, a mecanizar la lectura y leer más rápido, a verbalizar correctamente tus emociones… Por ello:

- Profundiza en los nuevos conceptos a los que tengas acceso.
- Aprende palabras, pero no solo memorizándolas, aprender una palabra conlleva conocerla desde el punto de vista sintáctico, semántico y pragmático (de uso).
- Activa tu vocabulario buscando alternativas para expresarte.
- Usa las palabras con sus distintos matices y acepciones.
- El significado de una palabra puede no ser suficiente para entender un mensaje, ya que pueden estar lexicalizadas o formar locuciones.
- El diccionario es tu aliado. Busca las palabras que no conozcas. Acostúmbrate a leer siempre con el diccionario cerca.
- Tu vocabulario dependerá de tus lecturas, para ampliar tu vocabulario también es importante leer.

El diario de viaje y el blog de viajeros

El diario de viaje es un texto del ámbito **personal** que el propio aventurero va construyendo periódicamente al visitar nuevos lugares.

Está escrito en primera persona, desde la perspectiva de un **narrador protagonista** que cuenta aquello que observa, siente y experimenta. Por tanto, el **subjetivismo** propio del diario deja fluir los pensamientos, sentimientos, impresiones y vivencias de su autor. En este sentido, el diario de viaje no pretende reflejar una realidad objetiva, sino que narra una experiencia personal, muestra una interpretación de lo vivido por el autor.

Se caracteriza también por su **escritura periódica.** Escribir de forma inmediata o en el mismo día, recogiendo con detalle toda aventura, convierte el texto en un documento cercano y vivo.

El diario de viaje no solo puede presentarse en un formato de texto escrito a mano sobre una libreta o cuaderno. El **blog de viajeros,** *weblog* o bitácora, es un **sitio web** que, a modo de diario personal, contiene información de interés de su autor y comentarios de sus lectores. El diario de viaje y el blog de viajeros comparten estos elementos:

Singapur, 27 de agosto de 2013

Me parece haber visto un lindo caracolito...

Tengo miedo a los caracoles. Ya está, ya lo he dicho. Más que miedo, un pánico patológico, auténtica fobia. Y, cuando digo caracoles, incluyo también babosas y cualquier otro tipo de molusco gasterópodo, con concha o sin ella. PÁ-NI-CO: si veo uno de estos animales cerca, me pongo muy nerviosa, y si el encuentro se da por sorpresa puedo sufrir una verdadera crisis, con su sensación de ahogo, taquicardia, llanto descontrolado y sudores en las palmas de las manos. **Los caracoles, en su mucosa y nauseabunda pequeñez, son los únicos seres del mundo con capacidad para anularme y destruirme.** Parece divertido, pero no lo es.

Sirvan estos antecedentes como introducción a uno de los momentos más dramáticos (y ridículos) que he protagonizado viajando, concretamente en Singapur, cuando me alojaba en casa de Kuni. Hasta ese momento mi viaje, en lo que al tema *caracoril* respecta, había ido sobre ruedas: en Asia no hay caracoles ni babosas, o eso creía yo porque no había tenido el disgusto de encontrarme con ninguno (y había estado en zonas montañosas, bosques y selvas, con lluvias y sin ellas).

Un día que había llovido mucho pasamos la tarde en casa, y al caer la noche decidí ir al centro comercial que había al otro lado de la calle para cenar en su *foodcourt*. Salí del portal y, en el caminito hasta la verja de entrada a la urbanización, tenuemente iluminado por luces a ras de suelo, me pareció ver **la silueta de unas piedras muy grandes.** Pero no una, ni dos, ni tres: muchas. «Qué extraño», pensé acercándome con decisión a una de ellas para ver qué era aquello que no estaba ahí horas atrás. Cuando me quise dar cuenta, los objetos misteriosos se revelaron como **CARACOLES GIGANTES**, y no exagero: en Singapur hay unos caracoles de tamaño mayor a dos puños juntos, con una gran concha en forma de espiral picuda y «cuerpo» (baboso, asqueroso) proporcional a la misma. Y yo estaba rodeada por decenas de ellos.

El resto de la historia lo recuerdo mal. Sé que quedé paralizada unos instantes y luego empecé a llorar y a chillar descontroladamente, sin atreverme a dar un paso en ninguna dirección, hasta que una mujer salió del portal espantada, pensando que me estaban atacando. Y luego otros dos chicos más, entre quienes me sacaron de ahí. No es necesario decir que esa noche me quedé sin cenar.

Carmen Teira, *Trajinando por el mundo*: http://trajinandoporelmundo.com

Lugar y fecha

Los datos contextuales de **lugar** y **fecha** aparecen siempre en primer lugar, como entrada que sitúa lo relatado de manera cronológica, ordenando las diferentes secciones.

Documentación gráfica

Fotografías y vídeos (en el caso de los blogs) que permiten documentar la experiencia vivida.

Texto narrativo

Relata los acontecimientos sucedidos en un momento y lugar concretos a su autor. Incluye también fragmentos descriptivos que presentan, de forma minuciosa, los lugares y personajes referidos.

Algunas de las características específicas de los blogs son las siguientes:

- **Orden cronológico inverso:** el texto más reciente publicado aparece en primer lugar.
- **Comentarios de lectores:** suele tener unos lectores asiduos que interactúan con el autor opinando sobre la información publicada.

En el diario de viaje, el autor y el destinatario son la misma persona, independientemente de que luego el diario sea leído por otras personas. Esta es la principal característica que diferencia a estos textos.

Indicaciones para la elaboración de un diario de viaje

Un diario de viaje puede contener cuestiones relativas a la **preparación del viaje** (expectativas, aquello que uno espera encontrar, e información útil, como el horario de los lugares que se quieren visitar), pero estos son los elementos que no deben faltar:

- **Experiencias sensoriales.** Viaja con los cinco sentidos y recrea al detalle todo lo experimentado: el olor de un lugar, el sabor de una comida...
- **Detalles significativos.** No te limites a contar los hechos y lugares visitados en orden cronológico. Puedes escribir sobre algo llamativo o significativo, para que tu texto sea más personal y original.
- **Temáticas específicas.** Debes reflejar lo característico del sitio visitado: paisaje, gastronomía, arte, habitantes, costumbres, anécdotas, historia...
- **Elementos decorativos.** Añade fotos, postales, dibujos, mapas, monedas, tickets, billetes de avión, entre otros detalles que hayas ido recogiendo.

Dequeísmo y queísmo

El **dequeísmo** es el uso indebido de la preposición *de* delante de la conjunción *que* cuando la preposición no viene exigida por ninguna palabra del enunciado.

**Pienso DE QUE en este viaje podré disfruta.*

**Es posible DE QUE venga mañana.*

El **queísmo** es el error contrario al dequeísmo. Consiste en la supresión de la preposición *de* en la secuencia *de que*, por el temor de estar cometiendo dequeísmo.

**Tengo miedo QUE venga esta noche.*

**Estoy segura QUE no volveré a este lugar.*

Al finalizar el viaje

- **Coda reflexiva.** Recapitula todo lo vivido en tu viaje, situaciones que hayan influido en tu modo de pensar o acercarte a la realidad y con las que hayas aprendido de alguna manera para el desarrollo de actuaciones futuras. Puedes incluir también sugerencias y consejos que te orienten en el próximo viaje al mismo lugar.

Tu Turno

1 Comenta las características de los siguientes blogs e indica los elementos del diario de viaje que encuentres:

http://simarcopolovivieratendriaunblog.blogspot.com.es
http://www.viajaporlibre.com/blog
http://www.myguiadeviajes.com

2 Elabora un diario de viaje que relate una experiencia vivida o un viaje imaginario (una salida familiar de fin de semana, una excursión escolar...). Revisa la estructura, contenido y estilo de tu escrito atendiendo a la intención y propósito del diario de viaje, así como la ortografía.

AUTOEVALUACIÓN

Comprueba que tu diario, a pesar de ser fruto de una escritura inmediata, es un texto adecuado y correcto.

1 Incluye datos históricos y culturales de los lugares visitados.

2 Contiene tus impresiones personales sobre lo vivido.

3 Recoge aquello que te ha aportado nuevas sensaciones.

4 Es correcto desde el punto de vista ortográfico.

5 Destaca sugerencias y consejos, para otros viajeros.

01 Las lenguas de España

La Constitución de 1978 establece que el **español** es la lengua oficial de todo el Estado. Además, reconoce otras lenguas cooficiales que se hablan en algunas comunidades autónomas y son las lenguas oficiales de estas de acuerdo con sus Estatutos de autonomía. Estas lenguas son: el **catalán**, el **valenciano**, el **gallego**, el **euskera** y el **aranés.**

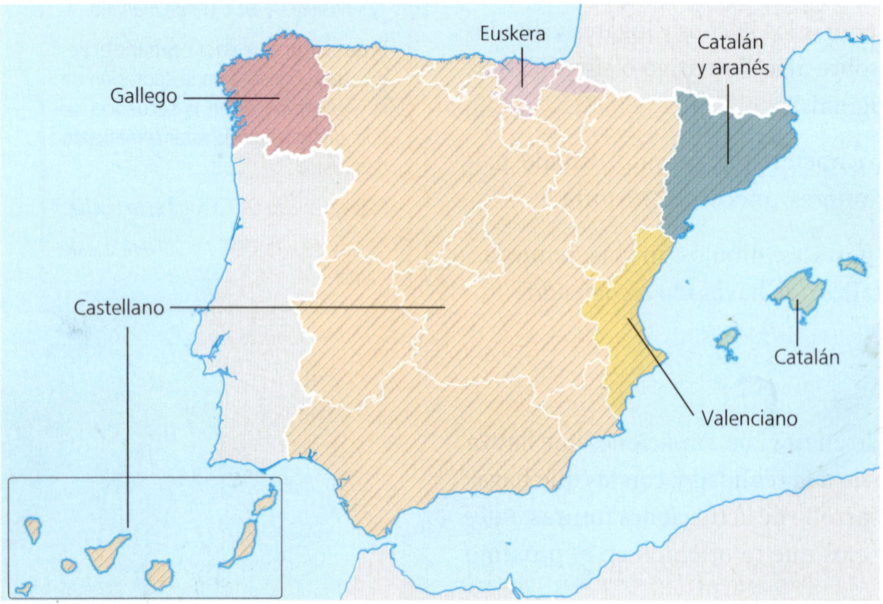

Además de las lenguas oficiales, se hablan en España dialectos, también llamados **modalidades** o **variedades regionales**. La lengua es un sistema homogéneo con unas normas establecidas (ortografía, gramática...) que comparte una comunidad de hablantes. Los dialectos son las variantes regionales o territoriales de una lengua; es decir, la manera peculiar de hablar una lengua en un determinado territorio. Son **dialectos** en lugar de lenguas porque las diferencias léxicas, fonéticas o de construcción, que suelen ser mínimas, no impiden la comunicación entre los hablantes de la lengua de la que proceden.

En sentido estricto, podemos decir que toda lengua ha sido en origen un dialecto, puesto que procede de otra anterior. Por ejemplo, el francés, el catalán, el italiano, el castellano fueron **dialectos del latín,** lengua de la que procedían. Tras un proceso histórico determinado por factores sociales y políticos (colonizaciones, influencias culturales, dominio político, etc.), alcanzaron la categoría de lengua, implantándose en una comunidad más amplia.

Las **lenguas oficiales de España** (excepto el euskera), al igual que el resto de las lenguas románicas, evolucionaron a partir del latín hablado, también llamado **latín vulgar,** que se diferenciaba del latín escrito por ser la lengua usada por el pueblo, mientras el latín escrito solo se mantenía en la literatura y la administración para facilitar la comunicación entre las provincias romanas. A continuación, vamos a ver cuáles son las características de cada una de ellas.

Castellano o español

Para designar la lengua común de España se suelen utilizar los términos *castellano* o *español.* El *Diccionario de la Academia* los considera sinónimos. De igual modo, el *Diccionario panhispánico de dudas* (DPD) considera que la polémica sobre cuál de estas denominaciones resulta más apropiada está hoy superada. El término *español* es más recomendable por carecer de ambigüedad, ya que se refiere de modo unívoco a la lengua que hablan hoy cerca de cuatrocientos millones de personas.

Dialectos históricos del latín

En la zona en la que se formó el castellano, existieron dialectos del latín que no llegaron a alcanzar la categoría de lengua debido a la expansión del castellano. Se trata del **aragonés** y el **leonés,** considerados dialectos históricos del latín.

Actualmente, el **leonés** se habla en Asturias, oeste de Santander, norte y oeste de León, oeste de Zamora y Salamanca y parte de Cáceres. Otros términos utilizados para el leonés son astur-leonés y bable. El **aragonés** se habla en sur de Huesca y las comarcas de la Ribagorza.

01.1 El catalán

El **catalán** *(català)* es, junto con el castellano, la lengua oficial en Cataluña e Islas Baleares, y el **valenciano** *(valencià)*, variedad del catalán occidental, tiene esta misma consideración en la Comunidad Valenciana. El **aranés,** lengua occitana hablada en el valle de Arán, se ha convertido en la tercera lengua oficial en Cataluña tras haberlo aprobado el Parlament en 2010.

Los primeros documentos en los que aparecen palabras y construcciones en catalán son del **siglo IX.**

El catalán se mantuvo hasta el siglo XV como lengua de cultura. A partir de entonces quedó restringida a ámbitos familiares, locales o literarios (muy escasos), mientras que para los usos cultos se utilizaba el castellano. En el siglo XIX surge la *Renaixença*, un movimiento cultural catalán que llega a su esplendor durante la segunda mitad del siglo, cuyo nombre surgió del deseo de hacer renacer el catalán como lengua literaria y de cultura. Actualmente, el catalán lo hablan más de nueve millones de personas.

Los **rasgos lingüísticos** más destacados del catalán son:

- Conservación de la *f-* inicial latina: *fill* (en español, *hijo*).
- Palatalización de la *l: lluna* (en español, *luna*).
- Mantenimiento de algunas consonantes finales latinas: *paret* (en español, *pared*).
- Pérdida de las vocales finales: *dret* (en español, *derecho*).
- Ausencia de diptongación de las vocales abiertas latinas: *porta* (en español, *puerta*).

01.2 El euskera

El **euskera,** vasco o vascuence *(euskara)* es, junto con el castellano, la lengua oficial en el País Vasco y en el norte de la Comunidad Foral de Navarra. Es la única lengua prerromana de la Península, es decir, su existencia es anterior a la llegada del latín a la Península.

El cultivo literario del euskera es tardío y está unido a la imprenta. Es en el siglo XVII cuando alcanza su cima más alta con la literatura religiosa, para continuar con un período de decadencia, hasta que en el siglo XIX se produce el renacimiento de las letras vascas.

Dentro del euskera se diferencian numerosos dialectos *(euskalkiak)*, y una variedad estandarizada, el **euskera batúa,** basada en el guipuzcoano. La Real Academia de la Lengua vasca acordó normalizar esta lengua para las actividades públicas y la enseñanza, y difundir así una sola norma. Actualmente, el euskera lo hablan unas setecientas mil personas.

Muchos historiadores atribuyen al influjo del vasco en el castellano la pérdida de la *f-* inicial latina, la procedencia de las cinco vocales del español y la pronunciación idéntica de *b* y *v* (aunque no tenemos la certeza de que esto sea exactamente así).

¿Enigma resuelto?

No se conoce cuál es el **origen del vasco.** Según los lingüistas no está emparentado con ningún otro idioma actual o histórico. Se relaciona con las lenguas caucásicas o las bereberes del norte de África, pero su filiación sigue siendo una incógnita.

Son numerosas las teorías que tratan de dar respuesta al enigma. Aunque aún no hay ninguna consolidada al respecto, se ha expuesto reiteradamente una posible filiación con el extinto ibero y recientemente se ha propuesto un parentesco con el dogón, una de las lenguas de Malí.

01.3 El gallego

El **gallego** *(galego)* es, junto con el castellano, la lengua oficial en Galicia. Forma parte, al igual que el castellano y el catalán, del grupo de lenguas romances y está estrechamente emparentado con el portugués.

Los primeros textos escritos en gallego datan del **siglo IX** y eran documentos administrativos. El gallego nació como consecuencia de la evolución del latín en la *Gallaecia* romana sobre una base de diferentes hablas celtas y paraceltas; posteriormente, recibió la influencia de suevos y visigodos y, en menor medida, de árabes. Durante la Edad Media, el gallego y el portugués constituían una unidad lingüística que se rompió con la creación del reino de Portugal. Este fue el período más brillante de la lengua gallega, convirtiéndose en la lengua de la lírica por excelencia. A partir de esta época, el gallego entra en un período de decadencia.

Es en el **siglo XIX** cuando se produce el movimiento cultural llamado *Rexurdimiento*. Este hace referencia a la etapa cultural que se desarrolló a lo largo del siglo XIX en Galicia y que tuvo como característica principal la revitalización de la lengua gallega.

Actualmente, el gallego se habla en la comunidad autónoma de Galicia y en las comarcas limítrofes de Asturias, León y Zamora. En total, lo usan unos dos millones y medio de personas.

Los **rasgos lingüísticos** más destacados del gallego son:

- Conservación de la *f-* inicial latina: *ferro* (en español, *hierro*).
- Ausencia de diptongación de las vocales abiertas latinas: *pedra* (en español, *piedra*).
- Pérdida de la *-l-* y la *-n-* intervocálicas: *lua* (en español, *luna*), *soa* (en español, *sola*).
- Palatalización en *ch* de los grupos latinos *pl-*, *cl-* y *fl-*: *chama* (en español, *llama*).
- El artículo es *a/as* (femenino) y *o/os* (masculino): *A Coruña* (en español, La Coruña).
- Conservación la *-e* final latina en algunas palabras: *calidade* (en español, *calidad*).

Lengua de signos

Desde el año 2007 la lengua de signos es una lengua oficial más. Las lenguas de signos son lenguas naturales de carácter visual, espacial, gestual y manual en cuya conformación intervienen factores históricos, culturales, lingüísticos y sociales (Ley 27/2007, artículo 4). Como todo tipo de lenguaje, poseen una gramática visual rica y propia. Cada país puede tener una o varias lenguas de signos propios.

01.4 El castellano

El **castellano** surge, como el resto de las lenguas y dialectos históricos de España, de la fragmentación del latín y del influjo tanto de lenguas prerromanas como de los pueblos invasores, en su mayor parte romanizados.

Los **rasgos lingüísticos** fónicos más destacados del castellano son:

- Aspiración y pérdida de la *f-* inicial latina: *fierro* > hierro.
- Simplificación de sonidos: *b/v* > b
- Diptongación de las vocales *e* y *o* breves latinas: *terra* > *tierra; porta* > *puerta.*
- Palatalización de los grupos iniciales latinos *pl-*, *cl-*, *ll-* > *ll-*: *pluvia* > *lluvia; flama* > *llama.*

ACTIVIDADES

1 Explica las diferencias entre lengua y dialecto. Pon un ejemplo.

2 Relaciona cada texto con una de estas lenguas y responde a las preguntas:

gallego **catalán** **castellano** **euskera**

> **A.** Según desvelan estudios neurológicos, los niños pueden aprender dos lenguas al mismo tiempo y ambas son recogidas en la misma área del cerebro.
>
> **B.** Segundo desvelan estudos neurolóxicos, os nenos poden aprender dúas linguas ó mesmo tempo e as dúas son recollidas na mesma área do cerebro.
>
> **C.** Segons desvelen estudis neurològics, els xiquets poden aprendre dues llengües al mateix temps i les dues són recollides en la mateixa àrea del cervell.
>
> **D.** Hainbat azterketa meurologikok frogatu duen legez, haurrak bi hizkuntza ikas ditzake aldi berean eta biak jasoko ditu garuneko area berean
>
> http://sli.uvigo.es

a. ¿Cuál es tu lengua nativa?

b. ¿Eres capaz de entender los textos anteriores?

c. ¿Cuál te resulta más fácil de entender?

3 Los siguientes textos, escritos en catalán y gallego, reproducen un artículo de la *Declaración de los derechos humanos*. Tradúcelo al castellano y luego detecta en ellos al menos un rasgo del catalán y otro rasgo del gallego.

> Tota persona té dret a participar lliurement en la vida cultural de la comunitat, a gaudir de les arts i a participar i beneficiar-se del progrés científic.
>
> Toda persoa ten dereito a tomar parte libremente na vida cultural da comunidade, a gozar das artes e a participar no progreso científico e nos beneficios que del resulten.
>
> *Declaración universal de los Derechos Humanos* (artículo 27), 1948. ONU.

4 Señala en un mapa las comunidades autónomas que poseen lenguas oficiales.

5 ¿Qué son los llamados dialectos históricos? ¿Cuáles son? En la siguiente tabla recogemos algunos rasgos fonéticos del leonés. Complétala comparando dichos rasgos con el catalán, el gallego y el castellano.

Leonés	Castellano	Catalán	Gallego
Conservación *f-* inicial	No		
l- > *ll-*		Sí	
pl-, *cl-*, *fl-* > *ch*		No	Sí

6 Busca ejemplos de algún rasgo fónico explicado en el ejercicio anterior y de estos rasgos morfológicos: palabras masculinas terminadas en *-u* y diptongación del verbo *ser*:

> Xuacu salió a ver per ande, pa ver si salía el xeniu, así que garró la llámpara y frotóla, bueno, qué si yo la pila veces que tuvo frotándola, bueno, y en esto cabreóse y garró la llámpara y aventóla al matu, entós sale el dichosu xeniu y dixo-i Xuacu: ¿Quin yes tú?
>
> X. L. García Arias: *Antoloxía de prosa bable.* Caxa d'Aforros d'Asturies.

7 Busca en Internet los artículos en los que cada una de las lenguas oficiales es reconocida como lengua cooficial del castellano en sus Estatutos de autonomía.

8 Encuentra estas fórmulas de cortesía en catalán y en vasco.

Buenos días — Buenas tardes — Buenas noches

Hola — Muchas gracias — Por favor

En estos enlaces podrás escucharlas:

- Catalán: http://www.como-se-dice.com/aprender-catalan/
- Vasco: http://www.como-se-dice.com/aprender-euskera/

9 ¿Qué rasgos de los indicados para el catalán localizas en el siguiente fragmento de la obra *El principito*?

> «-Però si tu véns de lluny! Tu n'ets un, d'explorador! Descriu-me el teu planeta!»

02 Breve historia del castellano: desde sus orígenes a la actualidad

El **castellano** nació en el norte de Burgos y sur de Cantabria, en una zona muy cercana al vasco; de ahí la influencia que este ejerció sobre él. Era conocida como la región de *Castiella*. En su avance consiguió imponerse a otros dialectos que desaparecieron pero dejaron notar su influencia en el castellano.

Los textos más antiguos que se conocen en castellano datan del siglo XI y son las glosas. Estas son unos breves comentarios en prosa, escritos por monjes copistas en obras latinas, que servían para aclarar determinados vocablos latinos. Las más conocidas son las **glosas emilianenses** y **silenses,** encontradas en los monasterios de San Millán de la Cogolla y Santo Domingo de Silos, respectivamente.

Glosas emilianenses

Página 72 del Códice Emilianense 60 del Monasterio de San Millán de la Cogolla (La Rioja). Pueden leerse en ella las glosas (anotaciones) en castellano, entre líneas y en el margen, a una homilía en latín.

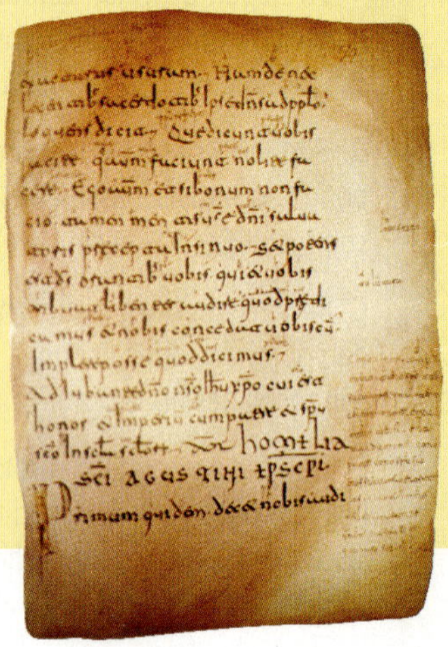

La causa del rápido avance del castellano es de tipo político y religioso. Por una parte, era la lengua que traían los reconquistadores al repoblar los territorios recuperados. Por otro lado, el castellano estaba unido a la existencia de los monasterios más importantes en aquel momento.

Es en el **siglo XIII,** con el reinado de Alfonso X, cuando se produce la unificación y fijación del castellano. Este monarca le otorga al castellano la categoría de lengua de cultura, a través de la labor de la Escuela de Traductores de Toledo, al tiempo que convierte el gallego en la lengua de la lírica. Las obras literarias y científicas fueron difundidas en castellano en vez de en latín. Alfonso X fue consciente de la trascendencia de utilizar la lengua romance como instrumento de comunicación y cohesión.

El castellano sigue avanzando y al terminar la Reconquista, en el **siglo XV,** con la unificación bajo el reinado de los Reyes Católicos, es impuesto a todos los niveles. A su fijación lingüística también contribuyó en esta época Antonio de Nebrija con la publicación de su *Gramática*, que está considerada como la primera de la lengua castellana, y el *Tesoro de la lengua castellana* de Covarrubias. Por otra parte, el descubrimiento y la colonización de América extendieron el castellano por nuevos territorios.

Desde el **siglo XVI,** factores sociales y políticos contribuyeron a la difusión e implantación del castellano: la unificación política de la Península, excepto Portugal, las relaciones con otros países de Europa y la consolidación del Imperio español.

Ya en el **siglo XVIII** se estabiliza la lengua y para preservarla se crea la Real Academia Española. A partir de ese momento, la lengua española ha ido creciendo en número de hablantes y tiene presencia en todos los continentes. Esto la convierte en la tercera lengua más hablada en el mundo y en una de las más extendidas geográficamente. De las más de 5 000 lenguas que existen en todo el mundo, el español ocupa un lugar de excepción con cerca de 400 millones de hablantes.

Real Academia Española.

ACTIVIDADES

10 ¿En qué siglo se funda la Real Academia Española? ¿Cuál era su finalidad? Visita su página web (www.rae.es) y busca el significado de *códice* y *glosa*.

11 Realiza una biografía de Alfonso X en la que se incluya:

- Fecha de nacimiento y muerte.
- Datos sobre su familia y su vida.
- Época y función política.
- Obras y labor cultural.

12 Observa este texto impreso en 1575 y trata de escribirlo tal y como sería en el español actual. ¿Qué diferencias percibes? Fíjate que pueden ser diferencias en letras, en la distribución de las palabras o en el sentido que estas tienen.

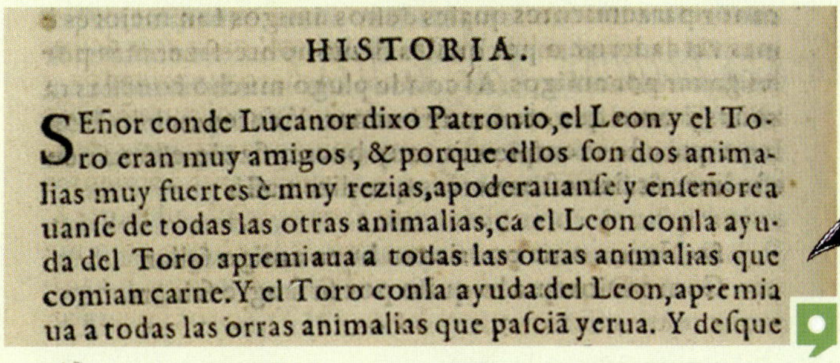

HISTORIA.

SEñor conde Lucanor dixo Patronio,el Leon y el Toro eran muy amigos, & porque ellos ſon dos animalias muy fuertes è mny rezias,apoderauanſe y enſeñoreauanſe de todas las otras animalias,ca el Leon conla ayuda del Toro apremiaua à todas las otras animalias que comian carne. Y el Toro conla ayuda del Leon,apremia ua a todas las orras animalias que paſciã yerua. Y deſque

El Conde Lucanor (edición de 1575). Imagen extraída del Centro Virtual Cervantes.

13 La Historia de la Lengua nos permite conocer la etimología de las palabras, es decir, de dónde proceden y cuál es su sentido original. Lee el siguiente texto:

> «A las palabras de amor / les sienta bien su poquito / de exageración» decía Machado. Y eso le pasa a *corazón*, que es una palabra hecha de aumentativos. Desde el latín *COR*, los romances han derivado palabras como *coeur* (francés), *cuore* (italiano), *cor* (catalán) o *cord* (rumano), pero el corazón del español proviene de sumar a *COR* dos aumentativos latinos: *COR* + *ACEU* + *ONE*. Hemos construido en español, pues, un corazón agrandado que se acrecienta a base de sufijos, como crecía el corazón del propio Cid cuando le decía a su familiar antes de marchar a la pelea:
>
> «No hayades pavor por que me veades lidiar
> Con la merced de Dios e de Santa Maria madre
> Créceme el corazón porque estades delant»
>
> Lola Pons: http://www.nosolodeyod.com

Consulta en **http://www.etimonlau.com** la etimología de las siguientes palabras y explica qué relación hay entre su significado actual y el que tenía el étimo latino correspondiente a cada una de ellas:

- pepino
- familia
- mustio
- sincero.

03 Dialectos del castellano en España

El castellano presenta una variedad septentrional o norteña y una meridional, que a su vez se divide en otras modalidades:

Variedad septentrional. El español septentrional corresponde a la modalidad empleada en el centro y norte de España. Esta zona, la norte, es más conservadora, más cercana al modelo normativo. Sin embargo, presenta también **rasgos** que no coinciden con lo que se considera normativo:

- Pronunciación de la *-d* en posición final de palabra como el sonido representado por *z* en español *(bondad > bondaz).*
- Pronunciación de lo representado por la letra *c* mediante el sonido equivalente a *z*, en el grupo que se escribe *-ct- (aspecto > aspezto).*
- Pronunciación de una *j*, de lo que se escribe *g* en el grupo *gn (digno > dijno).*

Variedades meridionales. Las variantes meridionales son el extremeño, el murciano, el andaluz y el canario. El extremeño y el murciano son considerados como hablas de transición, ya que comparten características del castellano meridional y de otras variedades.

- **El extremeño.** Posee rasgos comunes con el castellano septentrional, el andaluz y el leonés. La característica más destacable del extremeño es la preferencia por el sufijo diminutivo *-ino/-ina.*
- **El murciano.** Tiene rasgos comunes con el andaluz, el aragonés y el catalán. Es habitual el uso de los diminutivos *-ico/a, -iquio/a.*
- **El andaluz.** Se habla en Andalucía. Sus características principales son:
  - Seseo: pronunciación de *z, ce, ci* como *s (senisero).*
  - Ceceo: pronunciación de *s* como *z (sapato).*
  - Uso del pronombre *ustedes* en lugar de *vosotros (¿Ustedes vais a comer?).*
  - Generalización de los sufijos diminutivos *-illo/-illa (chiquillo).*
- **El canario.** El habla de las islas Canarias recibe influencias del andaluz y de las variedades del español de América: uso del pronombre *ustedes* en sustitución de *vosotros* combinando también la persona y usando la tercera del plural *(Ustedes van a cenar esta noche con nosotros).* En el léxico encontramos andalucismos, americanismos y guanchismos (palabras procedentes de la lengua de los nativos).

Todas estas variedades presentan además estos **rasgos** comunes:

- Confusión de *-r* y *-l* en posición final de sílaba.
- Aspiración y pérdida de la *-s* en posición final de palabra.
- Pronunciación aspirada de lo que el español representa como *j.*
- Yeísmo (pronunciación como si tuviera *y* de lo que en español se escribe con *ll*).

04 El español en el mundo

04.1 El español en América

En 1492, cuando Colón llegó a **América**, el castellano se encontraba consolidado en la Península. Hubo un intenso intercambio cultural en el cual las lenguas indígenas se enriquecieron con vocablos castellanos, al mismo tiempo que el castellano incorporaba nuevos términos de las lenguas indígenas que designaban realidades propias de aquellas tierras recién descubiertas.

El español es la lengua oficial de España y de diecinueve países de América (México, Colombia, Argentina, Perú, Venezuela, Chile, Guatemala, Ecuador, Cuba, República Dominicana, Bolivia, Honduras, El Salvador, Paraguay, Nicaragua, Costa Rica, Puerto Rico, Panamá y Uruguay). Es, además, idioma nativo —total o parcialmente— en determinadas zonas de Estados Unidos (Nuevo México, Arizona, Texas, California y Florida), país en el cual es la segunda lengua más hablada, con 23 millones de hablantes. Tienen ya Nueva York y Los Ángeles, respectivamente, más de un millón de hispanohablantes.

Países de América en los que el español es lengua oficial.

04.2 El español en otros lugares del mundo

El español también se habla en **Filipinas** junto con el inglés y el tagalo, y en Trinidad y Tobago, isla situada cerca de Venezuela. El español es asimismo la lengua materna de más de cien mil judíos **sefardíes** descendientes de aquellos expulsados de España en 1492.

En **África** es lengua oficial y de instrucción en **Guinea Ecuatorial**, donde la hablan más de 300 000 habitantes, mientras que en Oceanía cada día crece el porcentaje de hispanohablantes, pues en Australia reside un gran número de inmigrantes de origen hispano.

Finalmente, casi 20 millones de alumnos estudian español como lengua extranjera en 93 países y es lengua oficial de las Naciones Unidas, la Unión Europea y otros organismos internacionales.

El español y sus hablantes en cifras

- **Casi 470 millones de personas tienen el español como lengua materna,** y si en ese recuento se incluyen los hablantes de dominio nativo, los de competencia limitada y los estudiantes de español como lengua extranjera, la cifra supera los 548 millones.
- El **español es la segunda lengua materna del mundo** por número de hablantes, tras el chino mandarín, y también la segunda lengua en un cómputo global de hablantes (dominio nativo + competencia limitada + estudiantes de español).
- Actualmente, el número de **revistas en lengua española** incluidas en la base de datos del ISSN ha crecido el 130 % con respecto a 2001. [...]
- En 2014, el 6,7 % de la población mundial es hispanohablante (un total de casi 470 millones de personas con dominio nativo del español), porcentaje que destaca por encima del correspondiente al ruso (2,2 %), al francés (1,1 %) y al alemán (1,1 %). Las previsiones estiman que **en 2030 los hispanohablantes serán el 7,5 % de la población** mundial. [...]
- La población hispana de Estados Unidos ronda actualmente los 52 millones de personas. Más de la mitad del crecimiento de la población de los Estados Unidos entre 2000 y 2010 se debió al aumento de la comunidad hispana. **En 2050 Estados Unidos será el primer país hispanohablante del mundo.**

http://eldiae.es

ACTIVIDADES

14 Señala en un mapamundi en qué zonas es el español la lengua oficial.

15 Las siguientes oraciones son transcripciones de cómo se pronuncian distintos dialectos. Indica a qué dialecto corresponde cada una de ellas.

a. Ehta muhé ha yegao hace un momentiyo. ~~Canario~~ Andaluz

b. Hemos llegado a Valladoliz prontito, así que estaremos esperando un rato. Septentrional

c. Er crío eh chiquitico aún pa yebar tanto peso. Murciano

d. No zabemo zi ehta yave eh la correhta. Andaluz

e. Er rapacino jue un poquino mah tarde ar campo de furbo porque yovía.

f. Hemoh desidío sartar dehde ehte trampolín a la pihsina. Andaluz

16 A partir de las oraciones de la actividad anterior, completa con ejemplos la siguiente tabla:

	VARIEDADES MERIDIONALES			VARIEDAD SEPTENTRIONAL
	ANDALUZ	EXTREMEÑO	MURCIANO	
Aspiración de lo que el castellano representa con *j*.				
Yeísmo				
Confusión *-r* /*-l*				
Ceceo				
Seseo				
Forma del diminutivo				
Pronunciación de *-d* como el sonido que el español representa con *-z*				

17 Clasifica en lenguas o dialectos las siguientes hablas e indica de qué lengua proceden:

- andaluz
- murciano
- catalán
- gallego
- extremeño
- canario
- aragonés
- vasco

18 Señala en un mapa como el siguiente los dialectos históricos del latín y los dialectos del castellano.

19 ¿Por qué se habla español fuera de España? ¿Qué crees que ocurrió con los idiomas que se utilizaban en América antes de la llegada del español?

20 Lee el siguiente texto y comenta: ¿piensas que hay lenguas que sirven mejor para una determinada función que otras? ¿Por qué?

> Puede afirmarse que una de las aportaciones fundamentales de la lingüística es haber puesto de manifiesto que no existen lenguas primitivas. Ello indica que a una única especie humana (Homo Sapiens Sapiens) le corresponde una única especie lingüística, que hemos de denominar lengua humana. De aquí se deduce que la valoración jerarquizadora de las lenguas humanas no puede basarse en criterios lingüísticos, que la discriminación lingüística no puede justificarse gramaticalmente, por más que a veces se oigan cosas como «esa lengua es muy difícil», «aquella lengua no es útil», «esa lengua es más perfecta que esta».
>
> Juan Carlos Moreno: *La dignidad e igualdad de las lenguas.* Alianza Editorial.

La Torre de Babel, de Pieter Brueghel.

21 La entonación es una de las características que evidencian de forma más clara la existencia de variantes, pero la escritura no refleja esas diferencias. Para ello necesitas un Atlas Oral, como el siguiente:

http://www.wikilengua.org/index.php/Categor%C3%ADa:Atlas_oral

Una vez que entres en la página, selecciona el país cuya muestra desees oír y verás un mapa donde se marcan los distintos registros. Al pulsar sobre los indicadores rojos verás los lugares donde se han grabado y podrás escucharlos. Haz la prueba con:

a. Coyoacán (México).

b. Río de la Plata (Argentina).

c. Quito (Ecuador).

d. Málaga (España).

e. Valencia (España).

Intenta imitar la entonación de cada uno de esos audios y detecta un rasgo específico de cada una de estas hablas.

22 A partir de los siguientes datos, indica qué papel tiene el español en la Red y aporta una reflexión sobre la influencia que posee el uso de una lengua en las redes sociales para su evolución.

Lenguas más usadas en la Red

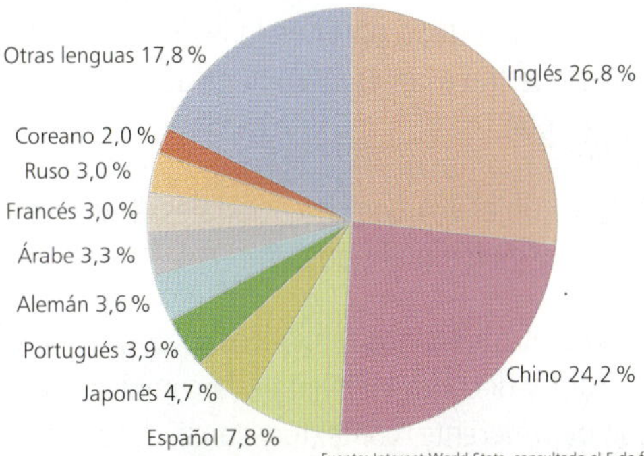

Fuente: Internet World Stats, consultado el 5 de febrero de 2014.

EVALUACIÓN

A diferencia de lo que mucha gente suele creer, una comunicación eficaz entre personas de marcos culturales distintos supone mucho más que una cuestión de cambio de idioma. Es todavía demasiado habitual que autoridades que se dirigen a inmigrantes, sanitarios que atienden a residentes extranjeros, ejecutivos que tratan con empresarios de otros países o enviados internacionales de medios de comunicación se limiten exclusivamente a solicitar la ayuda de «intérpretes», y entiendan que la tarea de estas personas es traducir lo más literalmente posible palabras y frases de una lengua a otra. La experiencia muestra que quienes funcionan así terminan fracasando en sus objetivos comunicacionales, aunque generalmente no acierten a descubrir por qué: tal vez el intérprete no fuese realmente bueno en los dos idiomas, tal vez los extranjeros fueran huraños, poco cooperativos, «difíciles»... Lo mismo sucede con las personas que se trasladan a vivir a otros países: el conocimiento de la lengua no les inmuniza contra el choque cultural que suelen experimentar al cabo de cierto tiempo. Como suponen que la comunicación no debe estar fallando, ya que reducen comunicación a idioma, imaginan igualmente exasperantes rasgos «psicológicos» de los autóctonos para explicar los desencuentros que se producen.

Comunicarse con miembros de otras culturas es un fenómeno complejo y multidimensional, como lo es de hecho todo proceso comunicativo entre seres humanos. En la comunicación entre personas de culturas distintas la complejidad aumenta, porque —hablando en términos semióticos— no solo cambian los códigos, sino también los referentes y los contextos, e incluso los canales. Aunque la tradición del texto escrito nos lo haya hecho ver así, no es el lenguaje verbal el único e imprescindible vehículo de comunicación entre los seres humanos. Los diccionarios lucen las banderitas de los países, pero no contienen en absoluto la riqueza comunicativa de esos países.

Miguel Peyró: http://comunicacionyculturas.com/

1 Indica si estas afirmaciones se deducen o no de lo dicho en el texto, y explica por qué:

a. La comunicación puede fallar aunque conozcas la lengua en que se está hablando.

b. Los intérpretes deben traducir de la forma más literal posible palabras y frases de una lengua a otra.

c. El contexto al que se refiere un mensaje es importante para comprender ese mensaje.

d. Entre personas de culturas distintas suele ocurrir que los extranjeros son poco cooperativos.

2 Elabora tú una respuesta, a partir de lo leído en el texto, para esas personas que fracasan en la comunicación y no aciertan a descubrir por qué.

3 ¿Qué significa «objetivos comunicacionales»? ¿Y «un fenómeno complejo y multidimensional»?

4 Define los siguientes términos semióticos o comunicativos que nombra el autor y di cómo influyen en la comunicación intercultural: código, referente, contexto y canal.

5 ¿Por qué en la conversación se notan más estas dificultades para comunicarse con miembros de otras culturas?

6 ¿Qué información podríamos incluir en un diccionario que nos ayude a superar estas situaciones en las que es difícil comunicarse?

7 Redacta una entrada para un blog de viajes en la que se cuente una experiencia de malentendido cultural.

8 ¿Es posible que los problemas que aquí se muestran entre lenguas se extiendan a hablantes de distintos dialectos? Ejemplifica con los dialectos de España.

9 ¿Hay necesariamente diferencias culturales entre los hablantes de distintas lenguas que conviven en lugares bilingües? Piensa en los sitios de España donde se produce esa circunstancia.

10 Teniendo en cuenta todos los lugares del mundo en los que se habla el español, ¿qué diferencias culturales podremos encontrar entre los hablantes de diversas variedades de esta lengua?

EVALUACIÓN

1 Completa el siguiente esquema:

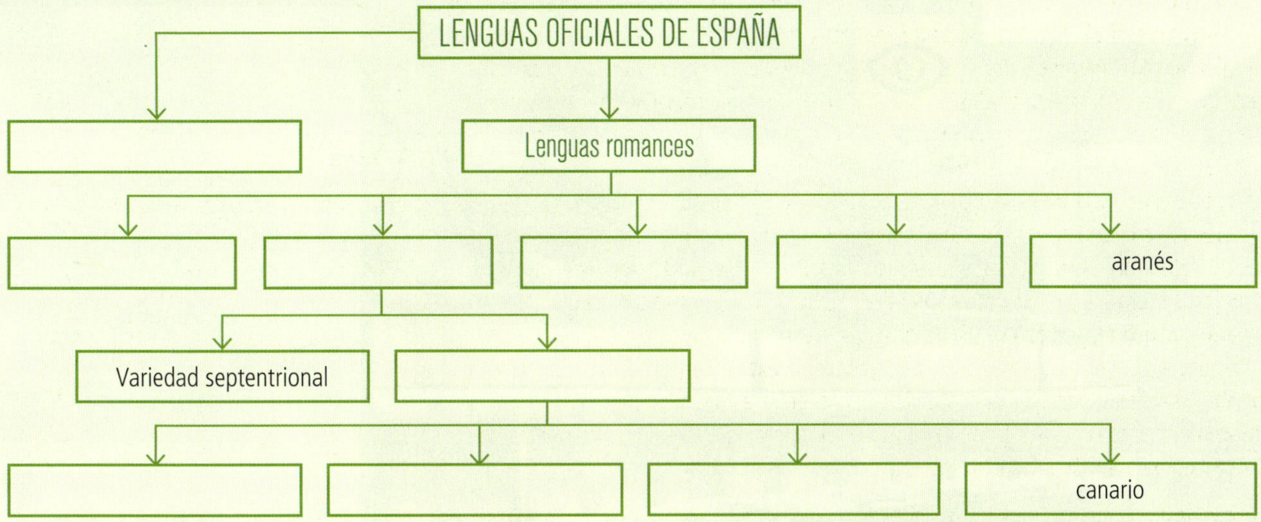

2 Realiza una tabla comparada con los rasgos de los distintos tipos de conversación. A partir de ellos, justifica a cuál de ellos pertenecería un diálogo como este:

—¡Eh! ¡Alberto! ¡Cuánto tiempo sin verte!

—¡Hombre, Manuel! ¿Qué tal? ¿Cómo estás? ¡Uy! ¿Cuánto hace que no nos vemos? ¿Hace por lo menos seis años no?

3 Explica brevemente las características del diario de viaje. A continuación, haz un esquema sobre qué fases debes seguir si quieres elaborar uno.

4 Explica los diferentes sentidos de *dialecto* a partir de las expresiones «hoy en día, el leonés es un dialecto y el gallego no»; «el leonés y el gallego son dialectos del latín». A continuación, valora esta afirmación atribuida al lingüista Max Weinrich en 1945: «Una lengua es un dialecto con ejército y flota». ¿A cuál de las dos definiciones anteriores se refiere Weinrich?

5 Recoge en un esquema en qué países el español es lengua oficial.

6 Pon ejemplos de los siguientes fenómenos y señala en qué zonas de España se dan:

- Ceceo.
- Palatalización de la *l*-.
- Pronunciación de *-d* como *-z*.
- Conservación de la *-t*.

7 ¿Qué rasgos comunes tienen el extremeño, el murciano, el andaluz y el canario? ¿Y cuáles de ellos son diferenciales?

8 Transcribe cómo imitarías la pronunciación extremeña, murciana, andaluza y canaria de esta oración: «¿Vosotros habéis puesto estos paquetitos en el bolsillo de mis pantalones?».

9 Con estos datos, haz un cuadro comparativo con el diferente resultado que obtuvieron en castellano, gallego y catalán, a partir del latín, la *f*- inicial, la *pl*- inicial, la *fl*- inicial y la *e* y *o* abiertas latinas.

Latín	Gallego	Catalán	Castellano
filium	fillo	fill	hijo
ferrum	ferro	ferro	hierro
porta	porta	porta	puerta
planum	chan	plana	llano
flamma	chama	flama	llama

10 Haz una línea cronológica donde incluyas los hechos más relevantes que han afectado al desarrollo del castellano desde el siglo IX hasta el XVIII.

DIARIO DE APRENDIZAJE

¿Puedes confirmar y ampliar la relación de contenidos de esta unidad con tu entorno?

02 Las palabras: origen y fin

¿Qué relación encuentras entre el título y las imágenes de esta unidad?

1 ¿Por qué son importantes las palabras en nuestra vida?

2 ¿Qué lugares se han creado para comunicarnos a través de las palabras?

3 ¿Cómo imaginas que será el idioma que hablarán las generaciones dentro de cien años?

AUDIO 2.1
En tu libro digital

Escucha el audio número 595 del programa *Hispanorama* de RTVE y contesta a estas preguntas:

1 ¿Qué otro nombre recibe la *Ortografía de la lengua española?*

2 ¿Quién crees que usará más la *Ortografía básica de la lengua española?*

3 ¿Para qué crees que se usa, para hablar, leer o escribir correctamente?

4 ¿Podría regirse por esta norma cualquier hispanohablante?

La exposición oral

Una gran parte de nuestro tiempo en el aula lo dedicamos a escuchar a los profesores. En esta situación comunicativa nos encontramos ante una exposición oral. También lo son las conferencias, los discursos y las presentaciones.

Una **exposición oral** es un **proceso comunicativo** en el que se transmite, de manera clara y estructurada, una información a un grupo de receptores. Según sean los receptores, será **divulgativa** (dirigida al gran público) o **especializada** (para expertos en el tema). El lenguaje utilizado dependerá también del tipo de exposición. Escucha el audio del margen para entender sus **características:**

- **Claridad.** La información siempre será **clara** y concreta. El académico indica claramente la función unificadora de la ortografía en la lengua española.
- **Orden.** Mantener un **orden lógico** es esencial, de lo contrario podríamos confundir a los receptores. Fíjate que primero se exponen ejemplos («si oímos...», «si leemos...») y luego nos lleva a una conclusión.

  La estructura clásica sigue este esquema: introducción, desarrollo y conclusión. Pero también puede ser **inductiva** (cuando de la observación de ejemplos y datos se llega a conclusiones o tesis finales) o **deductiva** (cuando se parte de una conclusión o tesis que se va explicando y ejemplificando).
- **Objetividad.** En la transmisión de información la visión personal no importa. El académico no da una opinión, sino que enumera características y emplea un paralelismo («como...») para ser más didáctico.

AUDIO 2.2

Observa las características de la exposición oral en este audio y contesta a estas preguntas:

- ¿De qué tipo es la intervención del académico? ¿Por qué?
- ¿Qué estructura ha elegido para explicar qué es la unidad ortográfica?

Cómo preparar una exposición oral

Toda exposición oral parte de una preparación en su vertiente oral y escrita.

Discurso

Búsqueda y selección de información

- Decide de qué fuentes extraerás la información.
- Selecciona aquella información que creas más fiable y adecuada para el público al que te diriges.

Organización de la información

- Elige la estructura de la exposición, es decir, cómo organizarás los contenidos.

Elaboración de un guion

- Organiza las ideas principales y secundarias. Recuerda que el guion no es una exposición escrita para ser leída, sino un esquema que sirve de guía durante la exposición oral.

Actuación

La voz, el ritmo y el tono

- No hables rápido: dar la información de manera acelerada no ayuda a que el público se entere. Tampoco lo hagas demasiado lento, ya que el auditorio puede aburrirse.
- Busca el tono de voz adecuado: ni grites ni hables tan bajo que no pueda oírse. Utiliza el tono para destacar las ideas más importantes.

La postura y la actitud

- Evita la rigidez y busca la naturalidad.
- No gesticules demasiado, pero usa los gestos para ayudarte a captar la atención del público y subrayar las ideas principales.

Tu turno

AUDIO 2.3

1 Escucha ahora la parte del audio sobre la *Ortografía básica de la lengua española* que te proponemos. Cuando termines, responde a las siguientes preguntas:

- ¿A quién está destinada la *Ortografía básica*?
- ¿De qué otra obra puede considerarse «hermana» la *Ortografía básica*?
- ¿Qué diferencias existen entre la manera de hablar de los distintos hablantes de lengua española?
- ¿Qué significa la unidad ortográfica?

2 Ahora, en grupos de cuatro personas, vais a realizar una breve exposición académica. Para su elaboración, debéis seguir estos pasos.

Reparto de papeles y elección del tema

Elegid un tema de lengua española del que os gustaría hablar. Puede ser cualquiera, aunque es preferible que sea un tema que conozcáis bien. Por ejemplo, las diferencias en la forma de hablar de jóvenes y ancianos, la dificultad que tiene aprender las reglas ortográficas...

Después, debéis elegir al emisor de la exposición oral. Una persona de las cuatro tendrá que hablar delante del resto de la clase sobre el tema escogido.

Búsqueda y organización de la información

Entre todos, buscad información en distintas fuentes. Tenéis que seleccionarla y decidir cómo vais a transmitirla. Elegid la estructura de vuestra exposición y organizad la información.

Elaboración de un guion

Exponed en un guion las ideas principales sobre las que vais a hablar y en qué orden lo haréis (también podéis recoger en él los ejemplos que expondréis). No olvidéis que el guion es un esquema, no es un escrito para ser leído: el tema debe dominarlo el emisor.

Exposición

El emisor del grupo solo tendrá tres minutos para realizar la exposición oral sobre el tema que se ha seleccionado.

Cuando vuestro compañero se sitúe delante de la clase, el resto de las personas del grupo os transformaréis en los expertos en expresión oral que tienen que supervisar que lo está haciendo bien. Luego, podéis cambiar los papeles para convertiros todos en emisores.

AUTOEVALUACIÓN

Para valorar tu intervención y la de los demás, comprueba que se cumplen todas estas afirmaciones:

- El discurso recoge las ideas sobre el tema de forma ordenada, clara y objetiva.
- Cuidas la pronunciación y realizas pausas para poder respirar con tranquilidad.
- No hablas excesivamente rápido ni alto, ni llenas los silencios con muletillas. Realizas las entonaciones adecuadas.
- Cuidas la expresión corporal: no estás excesivamente rígido y te mueves con naturalidad. Te colocas de forma relajada, pero firme, y miras a todos los miembros del público.
- Utilizas llamadas a los oyentes para asegurarte de que siguen la explicación y no se distraen.
- Terminas tu intervención señalando lo más importante y dando las gracias al auditorio.

LEER

Estas son algunas tareas que realizamos con los textos, según sus características y lo que nos interesa extraer de ellos: **acceso** y **recuperación** de información; **integración** e **interpretación** de la información; **reflexión** y **opinión** sobre una información.

A la hora de estudiar tus apuntes, te harás una serie de preguntas que requieren llevar a cabo alguna de las anteriores tareas. ¿Cuáles crees que te serán más útiles para estudiar los siguientes apuntes y por qué?

Los ríos
22 de enero de 2015

Los ríos son corrientes continuas de agua q suelen tener su origen n las montañas y desembocan n el mar, n un lago o n otro río. Elementos del río: el curso, el caudal y el régimen.

- El curso es el trayecto q realiza un río dsd dnd nace hst dnd desemboca. Se ≠ 3 tramos: curso alto, medio y bajo.
- El caudal es la cantidad de agua q lleva un río.
- El régimen es la fluctuación q sufre el caudal de un río a lo largo del año. El régimen es regular Kndo la variación de caudal es pequeña; y es irregular Kndo la variación de caudal es big.

En la longitud, caudal y régimen de un río influyen las características del relieve y del clima de las zonas x dnd fluye. El relieve, n la longitud y n la velocidad de las aguas del río. Si las montañas están cerca del mar, los ríos son cortos y rápidos. Si las montañas están lejos del mar, los ríos son + largos y + lentos. El clima influye n el caudal y régimen de los ríos. Los ríos de climas lluviosos son muy caudalosos y de régimen regular; mientras q los ríos q discurren x zonas de clima seco son poco caudalosos y de régimen irregular.

- RÍOS
  - Corrientes H_2O
  - Origen: montaña
  - Desembocan: -Mar, -Lago, -Río
  - Elementos
    - Curso: desde naci∞ hst desembocadura
      - Alto
      - Medio
      - Bajo
    - Caudal: cantidad H_2O
    - Régimen (variacn)
      - Rglr: varia pqñ
      - Irrglr: varia grnd
  - Factores (influyen)
    - Relieve
      - Longitud
      - Velocidad
    - Ríos cortos y rápidos (mntñ cerca mar)
    - Ríos largos y lentos (" lejos mar)
    - Clima
      - Régimen
      - Caudal
    - Clm lluvioso: rgmn rglr y caudlss
    - Clm seco: rgmn irrglr poco caudlss

ACTIVIDADES

1 ¿Qué significan los siguientes símbolos dentro del contexto de los apuntes: $-\alpha$ (al final de palabra), $-\infty$ (al final de palabra), $\neq$? ¿Para qué se utilizan? ¿Por qué? ¿Son útiles o no tiene sentido su uso?

2 ¿Cuál de los dos textos prefieres para estudiar y por qué?

3 ¿Qué finalidad tienen los colores en la segunda forma de tomar apuntes?

a. Jerarquizar la información para organizarla y facilitar una lectura comprensiva rápida.

b. Llamar la atención para no olvidar que hay apuntes pendientes de pasar a limpio.

c. Amenizar el estudio para que no sea una tarea tediosa. La elección de los colores es arbitraria.

d. No tienen ninguna finalidad.

4 El color azul oscuro se utiliza para:

a. Las definiciones.

b. Los ejemplos.

c. Los epígrafes.

5 *Alto, medio, bajo* hacen referencia...

a. a todos los elementos en general de los ríos.

b. al caudal del río.

c. al curso del río.

d. al relieve por el que discurre el río.

- ¿En cuál de los tipos de apuntes de la página anterior has localizado mejor la información?

6 ¿A qué hace referencia la fórmula H_2O?

a. A los ríos.

b. A los ríos, lagos y mares.

c. A los ríos, lagos, mares y océanos.

d. Al agua en general.

7 Clasifica las actividades anteriores según los tres tipos de tareas que se plantean al principio de la página anterior.

8 ¿Cuándo tomas mejor tus apuntes? ¿En qué clases coges mejor los apuntes? ¿Por qué?

MÁS QUE PALABRAS

1 Relaciona estas palabras:

a. Clima	• Regular / irregular
b. Curso	• Abundante / escaso
c. Régimen	• Seco / lluvioso
d. Caudal	• Alto / medio / bajo

2 ¿Qué tienen en común estos grupos de palabras?

a. *Río, caudal, clima* son .....

b. *Largo, lluvioso, seco* son .....

c. *Nace, tiene, influye* son .....

d. *A, de, en* son .....

3 Al tomar los apuntes en forma de esquema, se han creado por sí solos varios campos semánticos. Señala el campo semántico de los elementos de los ríos y establece por analogía/paralelismo un campo semántico de los mares y océanos.

4 ¿Sabes qué significa *Kndo*? ¿Qué otras abreviaciones usarías en el texto sin dificultar demasiado que otros lectores puedan entenderlo?

ESTRATEGIAS DE LECTURA

¡Eres único!

Todos los textos pueden ser clasificados. Utiliza tu propia clasificación para saber cómo afrontarlos. Así sabrás qué encontrarás en ellos y dónde buscar la información que necesitas. Por ejemplo:

- En los anuncios se opta por la elipsis y la concreción.
- En una reclamación hallarás un lenguaje específico y una estructura fija.
- En un poema se expresan sentimientos.
- En una receta encontrarás siempre los factores de tiempo, lugar y cantidad…

Saca tus conclusiones y arma tu cerebro con tus propios esquemas, que te capacitarán para aprender mejor.

ESCRIBIR

Los apuntes

Los **apuntes** son un tipo de texto expositivo cuyo fin principal es transmitir información. Al igual que la exposición oral, se deben caracterizar por su **claridad, orden** y **objetividad.**

Para tomar apuntes, no puedes dejar escapar ninguna de las importantes indicaciones de tu profesor, ya que el registro de sus conocimientos en este tipo de **texto expositivo** supone un valioso complemento que no siempre se encuentra en los libros de texto.

Saber tomar apuntes no te va a resultar útil únicamente en el contexto académico o escolar como estudiante, sino que a lo largo de tu vida puedes encontrarte en otras situaciones en las que la toma de notas será necesaria, como el periodista que realiza una entrevista o el público que asiste a una conferencia.

Los apuntes pueden tomarse de dos formas diferentes. Por un lado, podemos optar por recoger la información de un **modo sintetizado y esquemático.** Por otro, podemos plasmar el contenido de manera más **desarrollada,** recogiendo la mayor parte de las palabras que configuran la información completa. Observa estas dos formas, así como las características y los elementos que componen los apuntes en los textos siguientes.

Tomar apuntes te convierte en un **oyente activo,** pues te obliga a concentrarte en lo explicado al ir extrayendo y reflejando por escrito los aspectos más destacados. Son una herramienta útil en tu aprendizaje y constituyen un texto de elaboración y uso personal.

Fecha

Título o tema

Uso del color y del subrayado

Te ayudan a organizar la materia y a realizar una rápida lectura del documento posteriormente.

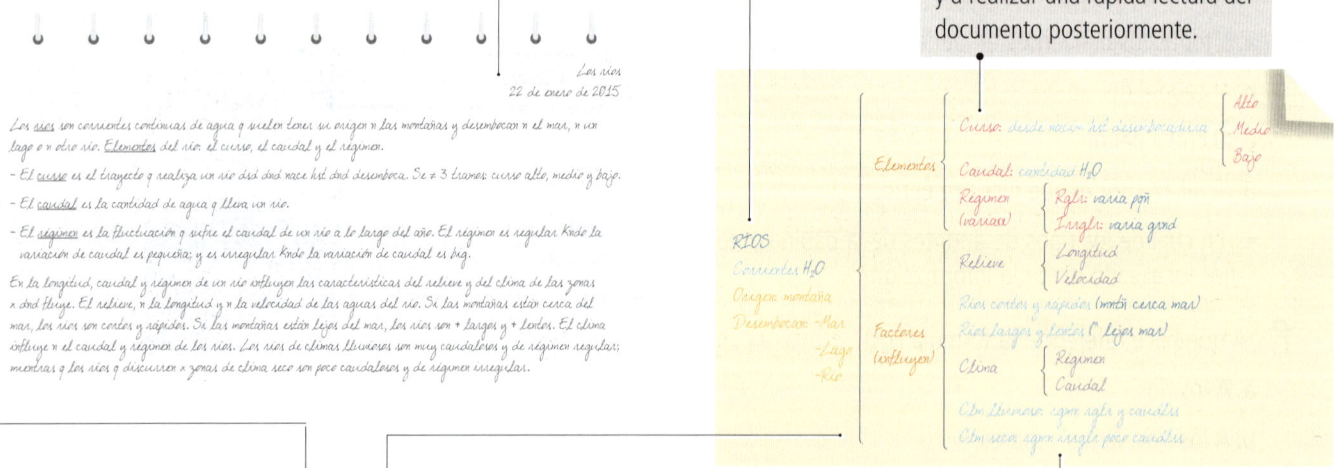

Abreviaciones

El procedimiento de reducción de una palabra mediante la supresión de determinadas letras o sílabas permite el ahorro de tiempo y espacio en la escritura y, como consecuencia, la recogida de una mayor cantidad de información:

+ (más), x (por), H_2O (agua), q (que), n (en), dsd (desde), dnd (donde), hst (hasta), rglr (regular), irrglr (irregular)...

Empleo de llaves y guiones

Te permiten una presentación ordenada y clara de los datos y favorecen la memoria visual.

TÉCNICAS PARA TOMAR APUNTES

1. Resume el contenido, no pretendas copiar literalmente todo lo que escuchas, ya que seguramente sea imposible por falta de tiempo y no completarás la información ofrecida. Destaca las **ideas principales.**

2. Emplea las abreviaciones para ir más rápido: abreviaturas *(pág., p. ej.),* símbolos *(>, +),* acortamientos *(bici, bus),* siglas *(DNI, ovni).*

3. Utiliza **guiones, flechas** o **llaves,** con el fin de reflejar el contenido de forma esquemática. En una fase posterior, puedes realizar un esquema.

4. Usa el **subrayado** o el **color** para jerarquizar la información.

5. Cuida la presentación de tus apuntes. Aunque su recogida se encuentra limitada a un tiempo reducido, estos deben construir un **documento legible y limpio.**

6. Incluye el **título** o **tema** del contenido recogido, así como la **fecha.**

7. Realiza la **revisión** del contenido anotado, de forma que puedas completar aquellas palabras u oraciones que hayan quedado incompletas. En esta lectura de repaso puedes recurrir a la técnica del subrayado.

Ortografía de las abreviaturas

Aunque existe una serie de abreviaturas convencionales empleadas en español, cualquier usuario de la lengua puede crear abreviaturas, teniendo en cuenta las reglas de formación y ortografía de este tipo de abreviación. Puedes consultar dichas reglas en la página web de la RAE.

En los apuntes, se usan abreviaturas propias que no están reconocidas por la norma académica y, por tanto, se considerarían faltas de ortografía en un texto con otros fines. Pero, en el caso de los apuntes, donde el destinatario es el mismo que el emisor y el texto no tiene intención comunicativa, se admite la utilización e invención de combinaciones de letras para uso propio.

Tu turno

AUDIO 2.4

1. Vuelve a escuchar la grabación de la presentación de la Ortografía básica de la lengua española de la RAE y, simultáneamente, toma apuntes del contenido ofrecido, atendiendo a las siguientes indicaciones:
   - Refleja por escrito el contenido fundamental con tus propias palabras.
   - Emplea las técnicas de recogida de información indicadas: abreviaciones, esquemas, flechas, guiones, subrayado, color.
   - Intenta ser limpio, empleando una letra legible y no realizando tachones en los apuntes que entorpezcan su posterior lectura. Añade la fecha y un título.

AUTOEVALUACIÓN

¿Cómo son tus apuntes? Piensa cuántas de estas afirmaciones son ciertas. Recuerda que tienes que cumplir, al menos, tres de ellas para dar por buenos tus apuntes.

1. Cuando los lees, entiendes todo.
2. No se repite información.
3. No aparecen datos innecesarios.
4. Se destaca lo importante.
5. Incluyen la fecha, el título o el tema.

No entra

01 El léxico

El léxico de un idioma lo constituye su vocabulario. Es uno de los dos componentes fundamentales de toda lengua. Las lenguas con códigos y, como tales, se definen como un conjunto de unidades combinadas por reglas. Las unidades que combinan las reglas de la gramática son las oraciones, los sintagmas y las unidades léxicas.

Llamamos **unidades léxicas** a aquellas que suponen una unión de sonido y sentido que puede aislarse dentro de la cadena hablada. En general, esa definición hace que *unidad léxica* sea sinónimo de *palabra*. Pero también son unidades léxicas las **locuciones** que están formadas por varias palabras, cuando estas son inseparables por su significado. *Ojo de buey* es una locución porque su significado no puede deducirse de la combinatoria *ojo* + *buey*.

El **léxico español** proviene en su mayoría del latín, pero no todas las palabras evolucionaron igual desde el punto de vista fonético. Las palabras procedentes del latín que evolucionaron fonéticamente hasta convertirse en españolas se denominan **patrimoniales.** Aquellas que se incorporaron al español sin experimentar los cambios fonéticos propios de las patrimoniales se llaman **cultismos.**

Una de las fuentes más ricas de adquisición de nuevo léxico es el contacto con otras lenguas: a lo largo de la historia del español, se han recibido **préstamos** de diversa procedencia, entre los que destacamos:

- Palabras procedentes de lenguas **prerromanas:** *barranco, colmena.*
- **Germanismos** (especialmente durante el reinado visigodo): *guerra, yelmo.*
- **Arabismos** (durante el reinado de Al-Ándalus): *azahar, aceite.*
- **Galicismos** (especialmente en la Reconquista): *baile, dama.*
- **Helenismos** (términos cultos procedentes del griego): *polígono, gramática.*
- **Americanismos** (con el descubrimiento del Nuevo Mundo): *tomate, chocolate.*

Las lenguas cambian a lo largo del tiempo: aparecen palabras nuevas (neologismos, que son palabras recién añadidas al léxico de la lengua) y van desapareciendo otras (arcaísmos, que son palabras anticuadas que en un momento dado van dejando de ser usadas en el habla).

Hoy día, en el mundo globalizado en que vivimos, son frecuentes los **préstamos** de distintas lenguas, que varían según el ámbito de la realidad en el que nos encontremos. Así, por ejemplo, el deporte, la ciencia y la tecnología se nutren sobre todo del inglés para nombrar nuevas realidades: *chat,* hardware.

La **lexicografía** es una parte de la lingüística que estudia los principios teóricos en los que se basa la elaboración de los diccionarios.

Calco semántico

Un tipo especial de préstamo es el **calco semántico** (la adopción de un significado extranjero para una palabra ya existente en una lengua). *Ratón* en su acepción de 'aparato conectado a una computadora' es un calco del inglés *mouse*.

ACTIVIDADES

1 Busca en www.rae.es las siguientes palabras y di de qué lengua proceden: *amigo, garaje, naranja, chubasco, izquierdo, papel, padre, maíz.*

2 Explica cuáles de estas expresiones se pueden considerar locuciones.

a. Me he comido un brazo de gitano entero.

b. Metió la pata en una trampa.

c. Siempre nos está tomando el pelo.

d. Metió la pata en la reunión con su jefe.

3 Indica cuál de las palabras de cada pareja es culta y cuál patrimonial. Explica a partir de su significado y su ámbito de uso por qué a unas las consideramos propias de un registro más cultivado y elaborado que a otras.

a. Latín, *cathedra:* español, *cátedra* y *cadera.*

b. Latín, *materia:* español, *madera* y *materia.*

c. Latín, *calidu:* español, *caldo* y *cálido.*

d. Latín, *auricula:* español, *aurícula* y *oreja.*

4 Localiza en este texto todas las palabras que creas que son préstamos del inglés e indica si son palabras adaptadas a la ortografía española.

> Cuando la palabra no está aún adaptada al español o aceptada como española, se escribe en cursiva. En este caso se suele llamar extranjerismo en lugar de préstamo.

2. Gestión de dispositivos de almacenamiento:

Almacenamiento de la información: rendimiento, disponibilidad, accesibilidad.

Sistemas tolerantes a fallos: almacenamiento redundante y distribuido, sustitución de sectores, arrays de disco, agrupamiento (clustering). [...]

3. Aplicación de mecanismos de seguridad activa:

Tipos de amenazas: interrupción, interceptación, modificación y fabricación. Seguridad en la web.

Software malicioso o malware. Herramientas de protección y desafección.

Decreto 107/2009 de Castilla-La Mancha.

5 Lee las siguientes indicaciones de la RAE y contesta a estas preguntas:

a. ¿Cómo crees que deberían escribirse los préstamos de la actividad anterior?

b. ¿Hay alguna diferencia en la nueva *Ortografía* entre los préstamos del latín clásico y los de lenguas vivas?

Los extranjerismos y latinismos adaptados —aquellos que no presentan problemas de adecuación a la ortografía española o que han modificado su grafía o su pronunciación originarias para adecuarse a las convenciones gráfico-fonológicas de nuestra lengua— se escriben sin ningún tipo de resalte y se someten a las reglas de acentuación gráfica del español. Ejemplos:

Me encanta el *ballet* clásico / Me encanta el balé clásico.
Juego al *paddle* todos los domingos / Juego al pádel todos los domingos. [...]

Así pues, según la nueva ortografía, y tal como ilustra el último ejemplo, los préstamos del latín solo se escribirán en letra redonda y con sometimiento a las reglas de acentuación gráfica del español cuando estén completamente adaptados a nuestro sistema ortográfico, al igual que se hace con los préstamos de otros idiomas.

www.rae.es

02 Clases de palabras

Las palabras se clasifican atendiendo a diversos criterios.

- **Desde el punto de vista de su forma**
  - **Variables.** Presentan variación formal: *chico/-a/-os/-as, canto/-as/-a...*
  - **Invariables.** Carecen de variación, solo tienen una forma: adverbios, preposiciones, conjunciones e interjecciones. Además, salvo en el caso de los adverbios en *–mente* o en *–ísimo,* son palabras que tienen un único morfema.
- **Desde el punto de vista de su función**
  - Aquellas que pueden constituir **núcleo de un sintagma:** sustantivos, pronombres, adjetivos, verbos y algunos adverbios y, según algunas interpretaciones, también las preposiciones. Los sintagmas, dependiendo de qué palabra sea su núcleo, podrán cumplir funciones diferentes en la oración.
  - Aquellas que **no constituyen núcleo de un sintagma:** determinantes, preposiciones y conjunciones.
- **Desde el punto de vista de su significado**
  - Con **significado léxico:** sustantivos, adjetivos, verbos y algunos adverbios. Estas clases de palabras se refieren a la realidad extralingüística (objetos, seres vivos, acciones, cualidades, conceptos...).
  - Con **significado gramatical:** otros adverbios, los determinantes, las preposiciones, las conjunciones y los pronombres. Estas clases de palabras no remiten a ninguna realidad extralingüística, solo tienen significado gramatical, las define su función: sirven para combinar las palabras y permitir que funcionen en la oración. En el caso de los pronombres, el significado depende del sustantivo al que se refieran.

Aunque a las **interjecciones** se las considere una clase de palabra, no desempeñan una función den la oración, constituyen por sí mismas un enunciado.

03 La estructura de las palabras

La **morfología** es la parte de la gramática que estudia cómo los morfemas se unen para formar palabras. Estos morfemas pueden ser:

- **Raíz léxica:** aporta el significado de la palabra.
- **Afijos:** son los morfemas ligados que pueden aparecer unidos a la raíz o a otro morfema. Se pueden clasificar según:

a) La información que aportan:

- **Afijos derivativos** (contienen información léxica), que sirven para crear nuevas palabras *(frut-**er**-o)* o cambiar la categoría gramatical *(fruta-fruta**l**).*
- **Afijos flexivos** (aportan información gramatical), que permiten combinar las palabras y usarlas en la oración: *amarill-**o**, cant-**aste**.* Cada clase de

Familia léxica

Las palabras que comparten raíz léxica forman una **familia léxica:** *pelo, peluca, peluquero, peluquería.*

palabra precisa unos sufijos específicos. Así, por ejemplo, los nombres y los adjetivos requieren género y número, mientras que los verbos precisan número, persona, tiempo y modo.

b) Su colocación:

- **Prefijos:** se sitúan delante de la raíz: ***in**moral, **pre**juzgar.*
- **Sufijos:** se colocan detrás de la raíz o de otro afijo: *ama**ble**, verd**oso**.*
- **Interfijos:** son los únicos morfemas sin significado. Suelen servir para reforzar a otros: *sol-**ec**-ito.*

Por tanto, los prefijos son siempre derivativos, crean palabras nuevas *(**anti**niebla, **a**político...)*, y los sufijos pueden ser derivativos *(bon**dad**, bell**eza**)* o flexivos *(muchacho**s**, cantar**ías**...).*

Para identificar en una palabra sus morfemas, se pueden seguir estos pasos:

1.º Localizar la raíz, que es el morfema presente en todas las palabras de la misma familia y el que aporta el significado léxico.

2.º Localizar, si los hay, los elementos que preceden a la raíz: son prefijos derivativos.

3.º Localizar los elementos que van detrás de la raíz: son sufijos y, según si la información que aportan es léxica o gramatical, serán derivativos o flexivos.

Forma	Prefijo/s derivativo/s	Raíz	Sufijo/s derivativo/s	Sufijo/s flexivo/s
fruteros	Ø	*frut-*	*-er-* (persona que...)	*-o* (masculino) *-s* (plural)
amaste	Ø	*am-* *-a-* (vocal temática)	Ø	*-ste* (persona, número, tiempo y modo)
descosido	*des-* (contrario)	*cos-*	*-id-* (forma el participio, que es de naturaleza adjetiva)	*-o* (masculino)

03.1 Variantes

Tanto los morfemas ligados como las raíces pueden tener varias formas sin que su significado cambie. Así, por ejemplo, para el sufijo flexivo plural de los sustantivos y adjetivos, hay que elegir la forma adecuada observando cuál es el sonido final de la palabra en singular (*casa/casas;* pero *camión/camiones).*

La raíz de los verbos como *negar* o *cocer* presenta dos formas: una con diptongo, cuando el acento de intensidad recae sobre la raíz, y otra sin diptongo, átona:

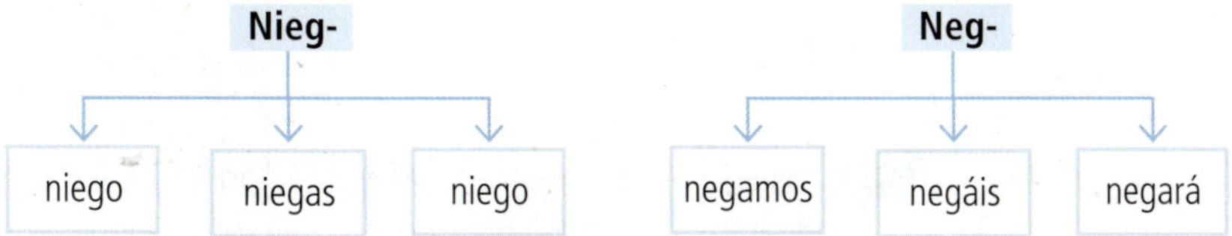

A veces, el hablante tiene libertad para elegir entre las diferentes formas posibles, por ejemplo, *clubs/clubes,* o *bisturís/bisturíes.* También se considera libre la elección basada en la variante dialectal o la intención afectiva del hablante: «Me encontré un *perrito / perrino / perrillo / perrico / perriño* muy lindo».

ACTIVIDADES

6 Divide las palabras del siguiente texto en variables e invariables y, a continuación, comprueba que las palabras variables lo son, indicando alguna otra forma que puedan tomar.

> La *Ortografía escolar de la lengua española* es una versión especialmente pensada para la enseñanza, que ofrece una síntesis selectiva de la *Ortografía de la lengua española* (2010).
>
> www.rae.es

7 Rodea y di a qué clase pertenecen las palabras que son el núcleo de estos sintagmas.

a. Sus amigos.

b. Muy enfadado.

c. Estos niños pequeños.

d. Vinieron por la tarde.

8 Indica qué palabras del siguiente texto de la *Ortografía escolar de la lengua española* tienen significado léxico y cuáles tienen solo significado gramatical.

> Esta edición escolar mantiene los criterios científicos e inspiración panhispánica de sus predecesoras –la *Ortografía de la lengua española* (2010) y la *Ortografía básica* (2012)–, pero, a diferencia de estas, no busca exhaustividad, sino que realiza una selección de las normas por su importancia. Para ello, en la *Ortografía escolar* se ha adecuado la extensión y profundidad de las explicaciones a la importancia de las reglas en esta etapa de la formación.
>
> www.rae.es

9 Señala cuál es la raíz léxica de las palabras que se indican a continuación:

a. Formación.

b. Escolar.

c. Profundidad.

d. Científicos.

10 Fíjate en las siguientes palabras. ¿De qué tipo es el sufijo destacado y qué significado aporta a la palabra?

a. Diferen**cia.**

b. Importa**ncia.**

c. Exhaustivi**dad.**

d. Extensi**ón.**

11 Di cuál es la clase de palabra a la que pertenecen las siguientes palabras. Después cambia su categoría convirtiéndolas en un sustantivo mediante el uso de morfemas derivativos.

a. Torcer.

b. Tolerar.

c. Grosero.

d. Leal.

12 Separa en las siguientes palabras la raíz, los prefijos y los sufijos:

a. Amable.

b. Desanimado.

c. Presentimiento.

d. Antidepresivo.

13 Los siguientes prefijos son de uso muy frecuente en español. Aporta al menos dos ejemplos de cada uno de ellos:

Prefijo	Significado
a-/anti-	negación/oposición
bi-/bis	dos veces
en-/em-	dentro de
i-/in-/im	negación
pre-	anterioridad
re-	repetición
sub-/super-	inferioridad/superioridad

14 Estos sufijos sirven para crear gentilicios, con los cuales indicamos la procedencia de una persona: *-ano*, *-eño*, *-ino* y *-ense*. A veces, conviven una forma culta *(hispalense)* y otra de uso habitual *(sevillano)*. El sufijo *-ense* se utiliza más frecuentemente para los gentilicios cultos. ¿De dónde son un *pacense*, un *ilerdense* y un *emeritense*?

15 En el siguiente texto, aparecen palabras del discurso académico que tienen raíces grecolatinas. Identifícalas y, a partir de su significado, trata de explicar el significado de la palabra.

> Los **microorganismos** son seres de tamaño inferior a 0,1 mm que solo pueden ser vistos al microscopio. Pueden estar formados por una sola célula, por varias e incluso pueden ser estructuras acelulares [...].
>
> Los **protozoos** son organismos unicelulares eucarióticos. Viven en agua dulce y en el mar y algunos en líquidos que forman parte de organismos pluricelulares, como la sangre.
>
> http://recursos.cnice.mec.es

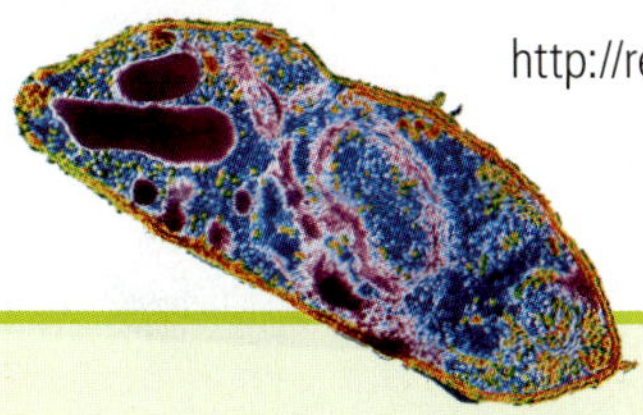

16 Localiza todos los sufijos flexivos del siguiente fragmento.

> Los **primeros auxilios** son actuaciones que se realizan urgentemente a una persona lesionada, enferma o accidentada. Su finalidad es la de reducir los efectos de la lesión, la enfermedad o el accidente.
>
> http://recursos.cnice.mec.es

17 Indica qué parte de la palabra ofrece la información de persona, número, tiempo y modo verbal. Esos son los sufijos flexivos de los verbos. Di en cada caso cuáles son esos valores:

18 Busca en este texto todos los sustantivos e identifica cuáles son los sufijos flexivos que presentan. A continuación, rodea en cada uno la raíz léxica y crea una familia de palabras a partir de ella.

> Se denomina **erosión** al transporte de partículas sedimentarias acumuladas en superficie por corrientes superficiales de agua, viento y procesos gravitatorios.
>
> http://ares.cnice.mec.es

19 Para hacer un análisis morfológico completo de una palabra, vas a indicar:

a. Qué clase de palabra es. Si es variable o invariable, si puede ser núcleo o no de un sintagma, y si aporta contenido léxico o gramatical.

b. Si tiene un solo morfema o más de uno.

c. En el caso de las palabras con más de un morfema:

- Cuál es la raíz.
- Qué morfemas derivativos aparecen, si son prefijos o sufijos, y cuál es el significado que aportan.
- Qué sufijos flexivos tienen y qué información proporcionan.

Realiza todos esos pasos con todas las palabras de la siguiente oración:

La estabilidad mental parece fundamental para la supervivencia humana.

Forma	Raíz	Sufijos flexivos	Información que aportan
Estudiaremos			
Llegaste			
Insistían			
Juegue			
Amen			
Tuviste			
Vivan			

04 La creación de palabras

El léxico de un idioma está en constante renovación. Para crear las nuevas palabras que sus hablantes necesitan, se utilizan distintos procedimientos.

04.1 Procedimientos morfológicos

Las palabras pueden ser **simples,** es decir, estar formadas por una raíz léxica y por sufijos flexivos *(sol, pan, amigo);* o bien **derivadas,** es decir, formadas por una raíz léxica y sufijos o prefijos derivativos *(solecito, panadero, amiguismo).*

Si para formar una palabra se unen dos o más raíces, el proceso se llama composición. Puede haber palabras **compuestas** formadas por distintas clases de palabras: *malvivir* (sustantivo + verbo), *agridulce* (adjetivo + adjetivo), *vanagloria* (sustantivo + sustantivo)... Según el grado de fusión de los componentes, encontramos las siguientes opciones gráficas:

- Escritura unida en una sola palabra: *rompecabezas, abrelatas.*
- Unión con un guion: *coche-cama.*
- Separación gráfica, aunque con una unión de significado que las hace ser consideradas como una palabra: *pez espada, media naranja.*

La parasíntesis es un procedimiento por el que una palabra compuesta recibe morfemas derivativos *(sietemesino),* o bien se combina una prefijación y una sufijación que han de darse obligatoriamente a la vez (*aterrizar;* no existe **aterri* ni **terrizar*). Las palabras que se forman por este procedimiento se denominan **parasintéticas.**

04.2 Reanálisis y etimologías populares

Consiste en la creación de una palabra modificando otra por la falsa creencia de una relación de forma y significado: *andalia* por *sand*alia, *vagamundo* por *vagabundo.* Aunque se consideran vulgarismos, algunas se consolidan en la lengua, como *altozano,* que procede de *antozano* ('delante de las puertas').

04.3 Procedimientos fónicos

- **Imitación de sonidos** (onomatopeyas): palabras como *tictac, zigzag...*
- **Abreviación** o **truncamiento:** con la eliminación de parte de la palabra se crea una nueva que la sustituye: *cine(matógrafo), (auto)bus.*
- **Siglas y acrónimos:** las palabras que se forman con la letra inicial de una serie de palabras se denominan **siglas** *(DVD).* Cuando la lectura de las siglas se hace como una palabra cualquiera, como en *ESO,* las denominamos **acrónimos.** Estos acrónimos pueden llegar a estar incorporados al léxico común *(ovni, láser, Renfe).* También se llama acrónimos a los términos formados por partes de otras palabras, como *Inserso.*

Invención léxica

La invención plena de una palabra es poco corriente. Lo habitual es que este tipo de creación léxica surja de una derivación o composición creativa: *malmatar* (Blas de Otero), *eternitud* (García Márquez)...

El humorista Forges es un reconocido creador de palabras. Algunas de ellas son: *esnafarse, firulillo* o *esborcio codulado.*

Eponimia

La **eponimia** es la formación de un nombre común a partir de un nombre propio.

La palabra ***saxo*** es un caso de formación de palabra por eponimia. Del nombre de su creador, Adolfe Sax, surgió su nombre. Otra fuente de **epónimos** es la literatura, se acaba designando a un tipo de persona por similitud con un personaje literario (donjuán, celestina).

ACTIVIDADES

20 Determina de qué categoría son las raíces que se unen para formar estas palabras compuestas:

a. Radiotaxi.

b. Pelirrojo.

c. Blanquiverde.

d. Quitamanchas.

e. Abrefácil.

f. Duermevela

21 Di si las siguientes palabras son simples, derivadas, compuestas o parasintéticas y explica por qué.

a. Rojiblanco.

b. Adelgazar.

c. Inmortalidad.

d. Descarrilar.

e. Monoplaza.

f. Barranco.

22 Ten en cuenta estas normas de formación de plurales de siglas y acrónimos, y di cómo sería el plural de las siguientes oraciones.

> Aunque en la lengua oral tienden a tomar marca de plural ([oenejés] = 'organizaciones no gubernamentales'), son invariables en la escritura: las *ONG;* por ello, cuando se quiere aludir a varios referentes es recomendable introducir la sigla con determinantes que indiquen pluralidad: *Representantes de algunas/varias/numerosas ONG se reunieron en Madrid.* Debe evitarse el uso, copiado del inglés, de realizar el plural de las siglas añadiendo al final una s minúscula, precedida o no de apóstrofo: *CD's, ONGs.*
>
> Una vez incorporados al léxico común, los acrónimos forman el plural siguiendo las reglas generales de su formación en español: *ovnis, ucis, radares, transistores.*
>
> http://lema.rae.es

a. El LED es un invento revolucionario.

b. La uci siempre está atendida por los médicos.

c. El CFGM de este centro es un éxito.

d. En el AVE de Madrid-Sevilla casi nunca hay plazas.

23 Redacta correctamente las oraciones que se enumeran más abajo a partir de la información del siguiente texto.

> **a)** Las siglas se escriben hoy sin puntos ni blancos de separación. Solo se escribe punto tras las letras que componen las siglas cuando van integradas en textos escritos enteramente en mayúsculas: *MEMORIA ANUAL DEL C.S.I.C.*
>
> **b)** Las siglas presentan normalmente en mayúsculas todas las letras que las componen (*OCDE, DNI, ISO*) y, en ese caso, no llevan nunca tilde; así, *CIA* (del ingl. *Central Intelligence Agency*) se escribe sin tilde, a pesar de pronunciarse [sía, zía], con un hiato que exigiría acentuar gráficamente la *i.* Las siglas que se pronuncian como se escriben, esto es, los acrónimos, se escriben solo con la inicial mayúscula si se trata de nombres propios y tienen más de cuatro letras: *Unicef, Unesco;* o con todas sus letras minúsculas, si se trata de nombres comunes: *uci, ovni, sida.* Los acrónimos que se escriben con minúsculas sí deben someterse a las reglas de acentuación gráfica: *láser.*
>
> http://lema.rae.es

a. Hay algún problema en el puerto U.S.B. de mi P.C.

b. La Rae ha publicado su nuevo diccionario.

c. Han puesto una estupenda oferta navideña en el Ave Madrid-Barcelona.

d. Las PYMES recibirán préstamos con muy poco interés en nuestro banco.

24 ¿Qué significan estas palabras según su etimología? (Investiga también la etimología de *etimología.*)

a. Cronograma.

b. Cefalópodo.

c. Etnólogo.

d. Teocracia.

25 ¿Mediante qué procedimientos se han formado las siguientes palabras?

a. Foto.

b. Ulular.

c. Mondarina.

d. Tele.

e. Sándwich.

05 El significado de las palabras

La **semántica** es la parte de la lingüística que estudia el significado de las palabras. El significado de una palabra es la imagen mental que se asocia a un sonido y que nos permite relacionar las palabras (que tienen sonido y significado) con la realidad, para evocarla en la mente de los oyentes.

El significado **denotativo** de las palabras es el objetivo. Pero hay otros significados que surgen por asociaciones subjetivas, son los llamados significados **connotativos** (que pueden ser culturales, personales, ideológicos...). Las connotaciones culturales, compartidas por el conjunto de los hablantes, también suelen estar recogidas en el diccionario (como puedes leer en el margen, las acepciones 9 y 13 de la palabra *negro* son un caso de significados connotativos).

> **negro, gra.**
>
> (Del lat. *niger, nigri*)
>
> **1.** adj. Dicho de un color: Semejante al del carbón o al de la oscuridad total.
> **9.** adj. Dicho de la novela o del cine: Que se desarrolla en un ambiente criminal y violento.
> **13.** adj. Infeliz, infausto y desventurado.
>
> *Diccionario de la lengua española*, 23.ª edición. RAE.

05.1 El cambio y la ampliación de significado

Las palabras cambian o amplían su significado por motivos diversos. A veces porque cambia la realidad que designan, otras porque la realidad a la que se refieren se carga de connotaciones negativas, pasan a ser **tabúes** y son sustituidas por **eufemismos.** Así, por ejemplo, se dice *internos* en vez de *presos.*

La **metáfora** y la **metonimia** son dos formas de creación de significado. La primera surge cuando se denomina algo como alguna cosa a la que se parece (por ejemplo, llamar *falda* a la *falda* de una montaña); la segunda, cuando hay una relación de cercanía entre aquello que designan las palabras (referirse al intérprete por el instrumento que toca: *el trompeta, el bajo*).

05.2 Relaciones entre significantes y significados

- **Monosemia y polisemia.** Cuando una palabra tiene un único significado, se dice que es **monosémica.** Si tiene más de un significado, se denomina **polisémica.** Lo habitual es que los significados de una palabra polisémica guarden alguna relación entre sí (p. ej., el segundo y el tercer significado de la palabra *lince* surgen de trasladar cualidades de este animal a las personas).

  Además, podemos decir que el **sentido** de una palabra es el significado que toma en cualquier acto comunicativo, esté o no recogido en el diccionario. Por ejemplo, en «Menudo lince estás hecho. ¡Mira que no darte cuenta de la situación!» la palabra, por ironía, adquiere justo el sentido contrario.

- **Homonimia.** Las palabras **homónimas** son aquellas con significados diferentes, pero con la misma forma (*vino* de *venir* y *vino* de *beber*); no mantienen una relación semántica, es un caso de coincidencia de significantes. La confluencia en su forma, ya sea escrita (homógrafos, como *amo-amo*) u oral (homófonos, como *vaya-valla*) es coincidencia casual.

  En el diccionario, los homónimos aparecen como dos entradas diferentes, mientras que los significados de una palabra polisémica se encuentran en la misma entrada.

> **lince.**
>
> (Del lat. *lynx, lyncis*)
>
> **1.** m. Mamífero félido europeo, de pelaje rojizo con manchas oscuras, cola corta y orejas puntiagudas terminadas en un pincel de pelos negros.
> **2.** m. Persona que tiene una vista aguda.
> **3.** m. Persona aguda, sagaz.
>
> *Diccionario de la lengua española*, 23.ª edición. RAE.

05.3 Relaciones entre significados

- **Sinonimia.** Cuando dos o más palabras tienen el mismo significado se dice que son sinónimas, aunque lo normal es que no compartan todos sus sentidos, porque presenten matices de uso. En «Voy a ordenar/colocar los libros», los verbos son sinónimos, pero no lo son en «Haz lo que te he ordenado». Muchas veces son matices connotativos o de registro. Así, por ejemplo, se dice «voy al oculista», pero en el título de ese profesional pone «oftalmólogo».

- **Antonimia.** Las palabras antónimas muestran significados opuestos, aunque para ello deben también tener algún sema en común (*peine y elefante* no son opuestos; sencillamente, no son comparables): *blanco* y *negro* son colores, *alegre* y *triste* son estados de ánimo...

- **Campos semánticos y campos asociativos.** Las palabras se relacionan por su significado cuando tienen algún rasgo en común. Todas las palabras de la misma clase gramatical que comparten algún rasgo de significado forman un campo semántico. Así, por ejemplo, *jaguar, cebra, tigre, caballo, lince, gato* tienen en común rasgos como «mamífero», y eso hace que formen parte del mismo campo semántico. *Mamífero* es el hiperónimo, y *jaguar, cebra...* son los hipónimos.

  Los **campos asociativos** incluyen elementos con relaciones de significado muy amplias y de categorías diferentes. Así, por ejemplo, podríamos incluir en un mismo campo *gato, arañar, angora, suavidad, tejado...*

Tipos de antonimia

- **Complementaria:** no admite término medio.

- **Gradual:** presenta extremos, pero admite términos medios *(templado)*.

- **Inversa o recíproca:** términos que se superponen, pero no se niegan (lo contrario de *comprar* no es *vender*).

ACTIVIDADES

26 Busca en www.rae.es y contesta: ¿qué relación encuentras entre los significados de las palabras *columna* y *cuello*?

27 Busca todas las connotaciones que puedas en el significado de este poema. ¿Por qué hay tantas?

> La primavera besaba
> suavemente la arboleda,
> y el verde nuevo brotaba
> como una verde humareda.
>
> Las nubes iban pasando
> sobre el campo juvenil...
> Yo vi en las hojas temblando
> las frescas lluvias de abril.
>
> Bajo ese almendro florido,
> todo cargado de flor
> –recordé–, yo he maldecido
> mi juventud sin amor.
>
> Antonio MACHADO: *La poesía de Antonio Machado*. Akal.

28 Escribe uno o más sinónimos para las palabras subrayadas e indica los matices diferentes y los posibles usos distintos que muestran.

> Salió al jardín y lo que vio lo dejó sin aliento: una espesa niebla encerraba la casa al otro lado de la verja. Arriba el cielo brillaba aún con el sol de las seis, pero a su alrededor el mundo había desaparecido. La niebla, negra como un humo inmóvil, se había tragado la calle, las casas vecinas, los altos árboles de los jardines colindantes.
>
> Elia BARCELÓ: *Futuros peligrosos*. Edelvives.

29 Crea un campo semántico donde aparezca como hiperónimo «árbol». A continuación crea una familia de palabras a partir de ese término. ¿En qué se diferencian la familia léxica y el campo semántico?

30 Di qué relación semántica hay entre gato-siamés; negro-blanco; libro-diccionario; tío-sobrino; listo-inteligente; vivo-muerto.

EVALUACIÓN

Estos apuntes se han tomado de una charla sobre el origen de diversas expresiones de gratitud en español y en lenguas emparentadas. Léelos y contesta a las preguntas. Si quieres, puedes acceder a la exposición a través del siguiente enlace: http://www.rtve.es/alacarta/videos/para-todos-la-2/para-todos-2-etimologia-gracias/2635026.

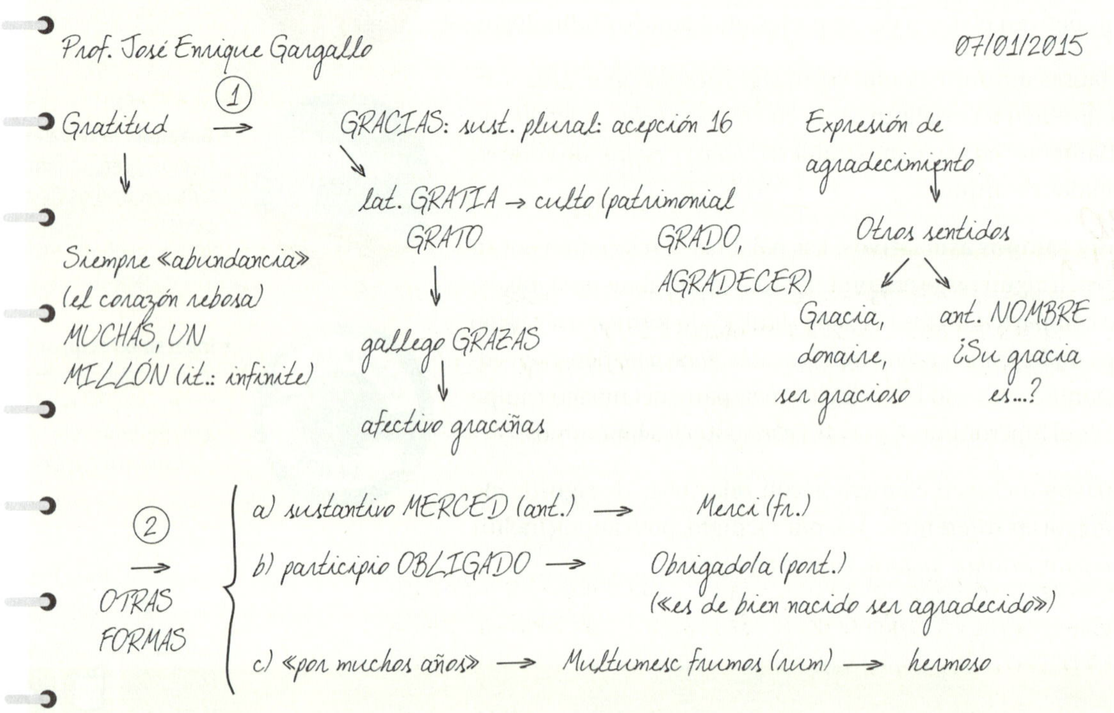

1 ¿Por qué decimos que es un texto académico? ¿Quién ha dado la charla?

2 ¿Cuántas formas de *gratitud* se explican? ¿Por qué crees que se dedica casi la mitad del espacio a la primera?

3 ¿Qué sentidos tiene la expresión *gracias*?

4 ¿Por qué crees que se puede usar la expresión *obrigado*, que equivale a *obligado*, para dar las gracias?

5 Según los apuntes, ¿con cuál de las expresiones estudiadas se asocia la idea de abundancia?

6 ¿Qué crees que significan las abreviaturas *prof.* y *ant.*? ¿Qué lenguas representan las abreviaturas *lat.*, *it.*, *rum.*, *port.*, *fr.*? ¿Qué abreviatura se podría haber puesto para *gallego*? Hay una palabra que aparece abreviada y sin abreviar, ¿cuál es?

7 Cuando el gallego dice *graciñas*, ¿qué tipo de sufijo se está utilizando?

8 ¿Qué forman *gratitud*, *gracias*, *agradecimiento*, *gracioso*, *grato*? Si la raíz común a estas palabras es *grat-*, ¿qué tres formas adopta?

9 ¿Qué relación semántica hay entre *gracia* y *donaire*? ¿Y entre *nombre* y *gracia*, en la expresión arcaica «—¿Cuál es su gracia? —Mi gracia es José Enrique»?

EVALUACIÓN

1 Completa y continúa este esquema indicando dónde situarías cada una de las clases de palabras. Añade también ejemplos concretos.

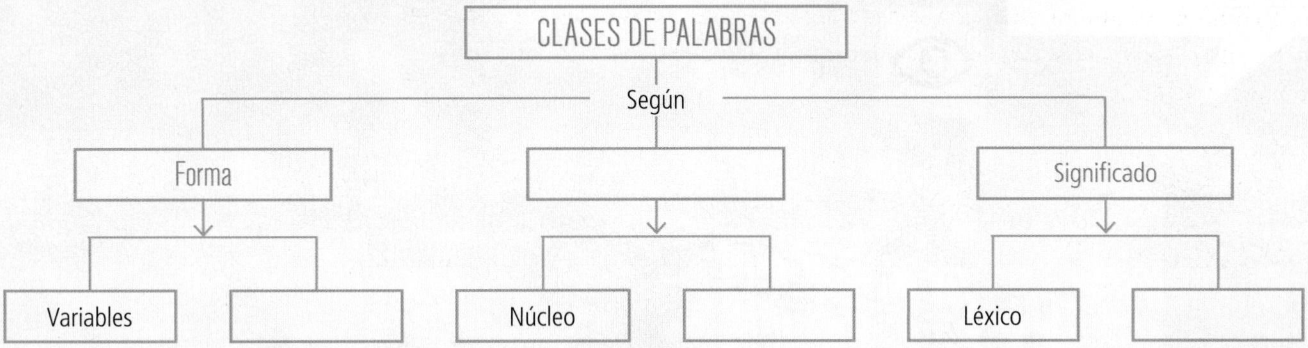

2 Explica, en una única frase, qué es un discurso académico. No olvides incluir a qué tipología textual pertenece. Describe tres contextos en los que se utilice esta clase de discurso y especifica quiénes serían el emisor o emisores, receptor o receptores, canal y código utilizados.

3 ¿Cuáles serían tus «cinco consejos clave» para coger apuntes? Piensa en tu propia experiencia y en lo que te funciona a ti.

4 Explica qué es una abreviatura y pon cinco ejemplos que utilices frecuentemente.

5 Escribe al menos diez palabras del español que procedan de otras lenguas. ¿Cuál es la lengua que más se repite? ¿A qué crees que se debe? ¿Se relaciona la existencia de préstamos con determinados temas?

6 Haz una lista con todas las disciplinas que están relacionadas con el estudio de las palabras y di a qué aspecto se dedica cada una de ellas.

7 Identifica, en las siguientes palabras, todos los morfemas y di de qué tipo son y qué significado aportan:

a. Caudalosos.
b. Microorganismo.
c. Anticaspa.
d. Estudiosas.
e. Amigable.
f. Desembocadura.

8 Define los siguientes términos y pon tres ejemplos de cada uno de ellos:

a. Derivación.
b. Composición.
c. Parasíntesis.
d. Acrónimo.
e. Sigla.
f. Morfema.
g. Prefijo.
h. Sufijo.
i. Eponimia.

9 Usando de forma relacionada los siguientes términos, elabora una tabla que refleje (a) relaciones de significados entre palabras distintas; (b) relaciones de sonido entre palabras distintas; (c) relaciones entre significados de la misma palabra: polisemia, homonimia, tabú, eufemismo, sinonimia, hiperonimia, connotación, antonimia.

DIARIO DE APRENDIZAJE

¿Qué conocimientos previos te han resultado útiles para entender esta unidad?

03 Nos informamos

¿Qué importancia crees que tendrá la memoria en el estudio de esta unidad?

No todos los hechos que suceden en un lugar son noticia.

1 ¿Qué características son las que convierten un hecho en noticia?

2 ¿Por qué crees que puede ser noticia este magnífico escenario histórico y natural de la imagen?

VÍDEO 3.1
En tu libro digital

En este vídeo sobre descenso de cañones, de antena 3, encontraremos la respuesta de qué noticia es escenario este enclave natural.

1 ¿En qué medio se comunica la noticia?

2 ¿Qué diferencias hallamos en la forma de presentar una noticia en los diferentes medios: radio, televisión, prensa, Internet?

3 ¿Qué información perderíamos si recibiéramos la noticia a través de otro medio? Pon ejemplos extraídos del vídeo.

ESCUCHAR Y HABLAR

La noticia

La manera más inmediata de transmitir información es hacerlo de forma oral. Así contamos a los que nos rodean las novedades que van surgiendo en el día a día. En el caso de los medios de comunicación de masas, la **noticia** es el género periodístico por excelencia para la transmisión de información. Esta manera de emitir información se hace a través de la **radio** o de la **televisión**, en cuyo caso la noticia va acompañada de imágenes, como ocurre en Internet.

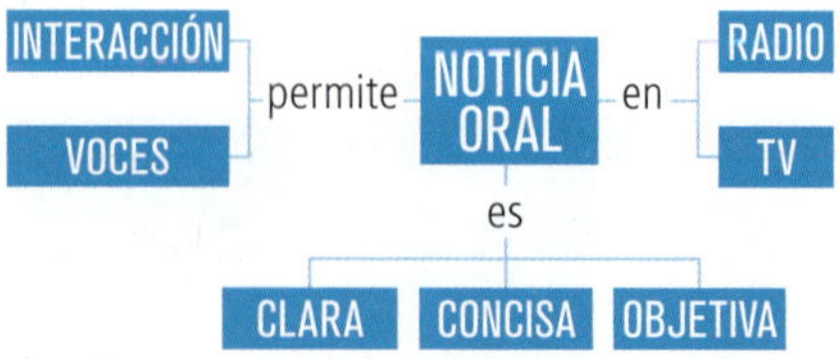

El estilo de la noticia

Como toda noticia, la oral se caracteriza por ser:

Clara: no puede haber ambigüedad ni vaguedad, especialmente en la información básica, que en periodismo se suele plantear en forma de preguntas, las seis W: *¿Qué? ¿Quién? ¿Cuándo? ¿Cómo? ¿Dónde? ¿Por qué?*	Concisa: aunque es posible que en una noticia de cierta extensión se mezclen cuestiones relacionadas del mismo tema, la noticia no debe perderse en detalles innecesarios que distraigan del hilo argumental básico.	Objetiva: los emisores de la información no dan su opinión sobre aquello que muestran. Sin embargo, las personas que intervienen en su condición de testigos no son necesariamente objetivos.

La **noticia oral** presenta una serie de características propias de este canal. Si ves la noticia televisiva cuyo enlace te mostramos en el cuadro de la derecha, podrás entender mejor sus características básicas:

- Posibilita que el emisor se dirija al receptor e interactúe con él. Además, permite la presencia de varios emisores de información, distinguiendo entre locutores (narradores) y testigos o testimonios (no necesariamente objetivos). En **televisión**, además, es posible utilizar una voz en *off*, que se identifica con la voz del locutor. Permite la interacción de los emisores: por ejemplo, uno da paso a otro, o hace preguntas que el otro contesta. En la televisión vas a encontrar la unión de imagen y sonido, siendo la imagen un elemento muy importante en este medio, que prevalece sobre el texto.
- Son frecuentes las **expresiones** que sirven como conectores del discurso *(en primer lugar, según parece, acabamos de...)*, que enlazan las partes diferentes de la noticia o las insertan en un discurso mayor. A veces hay un concepto clave (puede ser un sustantivo) que permite introducir la noticia. También hay expresiones que matizan la información: *lo cierto es que, en realidad...*
- El hecho de usar un medio audiovisual permite omitir parte de la información y suplirla con imágenes o información escrita. Las imágenes que se utilizan en este caso son primeros planos o panorámicas del paisaje, que ayudan al espectador a completar los datos que se han oído. Las imágenes muestran contenido complementario y no deben incurrir en una redundancia comunicativa, contando lo que ya se ve.
- El lenguaje periodístico tiene como principal objetivo informar; es, por tanto, un lenguaje funcional (ágil, económico y comprensible para el receptor).

VÍDEO 3.1

Antes, la noticia oral era una comunicación efímera (se oía solo una vez), a diferencia de lo que ocurría con la escrita. Ahora, la radio y la televisión «a la carta» que nos ofrece Internet permiten la repetición de los textos orales (solo con sonido o con sonido e imagen). Esto se llama recuperación de la información, que es lo que hemos hecho con esta noticia.

Observa las características de la noticia oral en este vídeo y contesta a estas preguntas:

- ¿Cuántos emisores hay? ¿Cómo se produce la interacción entre ellos?
- ¿Con qué concepto clave introduce el locutor la noticia?
- ¿Por dónde descienden los deportistas? ¿Qué es lo que están haciendo?

Tu turno

1 Elige y explica cuál de estas afirmaciones crees que refleja mejor la noticia que has oído. Ten en cuenta que no se trata de recuperar una información concreta, sino de interpretar la noticia en su conjunto y relacionar todo lo que se dice:

- Turismo deportivo en Ronda.
- Descenso de cañones como deporte.

2 Para recuperar la información, vamos a escuchar lo que dicen los informantes de la noticia. Puedes apuntarlo en un cuadro que recoja quién es cada uno y qué dice.

3 Ahora, por parejas, vais a comunicar oralmente una noticia. Elegid un tema de actualidad o de vuestro entorno inmediato. El paso previo es que recopiléis información suficiente sobre él, utilizando, preferiblemente, varias fuentes.

Reparto de papeles

Decidid cuántos emisores habrá y si serán locutores (y si habrá uno en el estudio y otro sobre el terreno, o ambos estarán en uno de los dos escenarios), portadores de testimonios; uno debe ser el locutor o voz en *off*.

Diseño del guion

Por tratarse de una noticia para la radio o la televisión, tenéis que diseñar la secuencia de intervenciones y cómo se da paso de una a otra. Una secuencia simple:

a. Interviene un primer locutor/narrador A que será el presentador principal; este comunica que se va a conectar con otro reportero.

b. Ahora habla el reportero B. Así, B enunciará su noticia y cerrará su intervención despidiéndose de A y dándole paso de nuevo.

Redacción del guion

Tened en cuenta que el registro debe ser culto y no coloquial. Debéis ser claros, concisos y objetivos. Podéis usar un cuadro como este para planificar vuestra actuación.

Intervención	Tiempo estimado	Locutor/ narrador	Información	Texto
1				
2				

Actuación

Hablad con claridad, vocalizando, marcando las pausas y enfatizando la entonación. Aunque en los medios de comunicación los emisores suelen tener un guion para leer, tratad de hacerlo de forma discreta, improvisando si es preciso, de modo que la comunicación parezca natural.

*

Empobrece mucho la comunicación oral el uso de:

- **Muletillas** o la repetición constante del mismo elemento: y *entonces… y entonces…*; en ocasiones se reiteran datos del contenido de la información y parece que el periodista no sabe qué más añadir.
- **Expresiones vagas** que sustituyen al discurso real: *etcétera… y eso… y cosas así…*
- Intentar **rellenar silencios** innecesariamente.

AUTOEVALUACIÓN

¿Creéis que os ha salido bien? ¿Cuántas de estas afirmaciones son ciertas? Comprobad si coincide vuestra valoración con la que hacen vuestros compañeros de vosotros.

- No ha quedado información relevante por exponer. Cubrimos las preguntas: *¿quién?, ¿qué?, ¿cuándo?, ¿dónde?, ¿cómo?, ¿por qué?* Observamos que los datos están claros.
- Nos hemos coordinado bien y no ha habido silencios inesperados en la locución, ni tampoco muletillas que rellenasen esos silencios *(em…, eh…, esto…, es que…)*.
- Hemos dado sensación de naturalidad y pronunciado todas las palabras con claridad.
- Hemos elegido los términos exactos y no nos hemos salido del tema (concisión).
- Hemos mostrado los hechos tal como fueron (objetividad).
- Nos hemos adaptado al tiempo estimado para hacer la locución.

LEER

Existen varios niveles para llegar a una **lectura comprensiva.** El primero es el literal e implica que el lector se centre en aquellos datos expuestos de forma explícita, es decir, puede identificar las palabras, situar los hechos en el tiempo y en el espacio, reconocer personajes e ideas principales, etcétera.

En la siguiente noticia hay dos palabras clave dentro del nivel literal: son *espeleología* y *federación*. Para entenderla mejor, deberás investigar sobre estos términos.

El Tajo acogerá el I Campeonato Nacional de Descenso de Cañones

La prueba espera reunir 125 participantes y su inicio será una bajada de 95 metros de piedra

Javier Flores Ronda | Actualizado 18.09.2014-5:01

Ronda acogerá durante los próximos 1 y 2 de noviembre el I Campeonato de España de Descenso de Cañones, una prueba deportiva que tendrá como escenario el Tajo. Los participantes comenzarán en el Puente Nuevo, donde deberán descender los 95 metros de piedra que salvan el río Guadalevín, para continuar por su cauce hasta llegar al Albergue del Molino.

«Que tengamos constancia, se trata del único cañón urbano del mundo que puede descenderse» explicó el presidente de la Federación Andaluza de Espeleología y vicepresidente de la Federación Española, José Antonio Berrocal. Este ha sido uno de los principales motivos que llevó a la organización a elegir Ronda como lugar de celebración de este primer campeonato nacional.

Además, desde la Federación también se quiso aprovechar «la marca Ronda» y el tirón turístico de la ciudad para atraer la máxima atención sobre el evento. «No encontramos un lugar mejor en toda España», añadió Berrocal. Desde que se adecuara el cañón para la práctica del descenso deportivo, el Tajo rondeño se ha convertido en un referente para los aficionados a los deportes de aventura.

A lo largo del recorrido se ubicarán varios puntos de control, en los que los jueces de la prueba supervisarán que los participantes cumplen con las medidas de seguridad para realizar el descenso utilizando las técnicas adecuadas. En caso contrario, serán penalizados sobre el tiempo total. Tras el primer rapel a lo largo del Puente Nuevo, los barranquistas tendrán que superar otro de 36 metros, con una gran cascada de agua incluida, y varios descensos y saltos más.

Escalador descendiendo.

El desarrollo de la prueba podrá seguirse desde diferentes puntos alrededor del Puente Nuevo. Además, junto al Palacio de Congresos de Santo Domingo se instalará una pantalla gigante. En cuanto a la participación, se ha establecido un cupo máximo de 125 personas con licencia deportiva de la Federación Española de Espeleología.

www.malagahoy.es

ACTIVIDADES

1 El texto es:

a. Una narración sobre una competición.

b. Una noticia sobre una nueva modalidad de competición.

c. Una descripción sobre cómo se descienden cañones.

d. Una noticia acerca de una novedad sobre deportes de espeleología en el único cañón urbano del mundo.

2 La espeleología es:

a. Un deporte de riesgo donde usas ropa cómoda y puedes competir.

b. La exploración y el estudio de las cavidades subterráneas.

c. Un deporte que se practica en los conventos.

d. Un evento deportivo que se realiza siempre sobre ríos.

3 Señala si las siguientes afirmaciones son verdaderas o falsas:

a. El campeonato se realiza sobre dos tramos distintos: el Puente Nuevo del Tajo de Ronda y el cauce del río Guadalevín.

b. El campeonato se celebra porque ha sido un proyecto que parte de una idea votada y consensuada a partir de la sugerencia de espeleólogos profesionales.

c. El Tajo es el único cañón urbano del mundo.

d. Algunos de los lugares citados son Puente Nuevo, Santo Domingo, Guadalevín o Berrocal.

4 En total, se espera que tengan que descender:

a. 36 metros.

b. Más de 36 metros.

c. Menos de 36 metros.

d. 125 metros.

5 ¿A cuántas de las 6 preguntas que empiezan en inglés por W se responden en el título de la noticia? Indícalas.

6 ¿Te gustan los deportes de riesgo? ¿Crees que compensa asumir peligros por hacer deporte?

MÁS QUE PALABRAS

1 *Vice-* es un prefijo que significa 'en vez de'. ¿Qué significará entonces la palabra *vicepresidente*? Piensa en cinco palabras que utilicen el prefijo *vice-* y explica su significado.

2 Recuerda que las palabras cuyo significado se oponen son antónimos. Encuentra el antónimo siguiendo el ejemplo inicial:

Individual	**Colectivo**
a. Largo	.....
b. Atraer	.....
c. Control	.....
d. Próximos	.....
e. Añadir	.....

ESTRATEGIAS DE LECTURA

¡Lecturalízate!

¿Eres lector? ¡Enhorabuena! ¿Aún te cuesta dedicarle unos minutos a leer por placer?

A continuación te mostramos algunos consejos para que puedas mejorar tus hábitos lectores:

- Elige un rincón donde te sientas cómodo y dedícalo exclusivamente a leer. Tu sillón, tu esquina de la cama, tu sitio del sofá. Asocia ese espacio a leer, a relajarte, a disfrutar de la lectura.
- Leer no es una obligación: Siempre que lo veas así, encontrarás dificultades para hallar el momento adecuado en el que te apetezca hacerlo. Leer es sinónimo de entretenimiento.
- Crea tu propio ambiente de lectura de forma propicia para la concentración: luz adecuada, temperatura agradable, comodidad absoluta, nada de ruidos.
- Puedes leer con música, pero no toda es apropiada. Lo mejor si necesitas leer con música es una música de fondo, relajante, sin letra.
- Elige leer lo que te gusta. Puedes empezar por seleccionar un tebeo o cómic, seguir a un periodista que te resulte ameno o a un escritor a través de las redes sociales.

La noticia

En la crónica aparece una persona que ha ido al lugar vuelve a aparecer la misma información

La noticia es un **texto periodístico informativo** en el que se narran hechos actuales de interés. La estructura de la noticia reproduce la forma de la **pirámide invertida**, pues ordena sus elementos de mayor a menor importancia: titular, *lead* o entradilla y cuerpo de la noticia. La presentación de la noticia en la prensa responde a un **código extralingüístico** que incluye el tamaño y tipo de letra, la situación del texto en la página, la distribución en columnas, etcétera.

El Tajo acogerá el I Campeonato Nacional de Descenso de Cañones

La prueba espera reunir 125 participantes y su inicio será una bajada de 95 metros de piedra

Javier Flores Ronda | Actualizado 18.09.2014-5:01

Ronda acogerá durante los próximos 1 y 2 de noviembre el I Campeonato de España de Descenso de Cañones, una prueba deportiva que tendrá como escenario el Tajo. Los participantes comenzarán en el Puente Nuevo, donde deberán descender los 95 metros de piedra que salvan el río Guadalevín, para continuar por su cauce hasta llegar al Albergue del Molino.

«Que tengamos constancia, se trata del único cañón urbano del mundo que puede descenderse» explicó el presidente de la Federación Andaluza de Espeleología y vicepresidente de la Federación Española, José Antonio Berrocal. Este ha sido uno de los principales motivos que llevó a la organización a elegir Ronda como lugar de celebración de este primer campeonato nacional.

Además, desde la Federación también se quiso aprovechar «la marca Ronda» y el tirón turístico de la ciudad para atraer la máxima atención sobre el evento. «No encontramos un lugar mejor en toda España», añadió Berrocal. Desde que se adecuara el cañón para la práctica del descenso deportivo, el Tajo rondeño se ha convertido en un referente para los aficionados a los deportes de aventura.

A lo largo del recorrido se ubicarán varios puntos de control, en los que los jueces de la prueba supervisarán que los participantes cumplen con las medidas de seguridad para realizar el descenso utilizando las técnicas adecuadas. En caso contrario, serán penalizados sobre el tiempo total. Tras el primer rapel a lo largo del Puente Nuevo, los barranquistas tendrán que superar otro de 36 metros, con una gran cascada de agua incluida, y varios descensos y saltos más.

Escalador descendiendo.

El desarrollo de la prueba podrá seguirse desde diferentes puntos alrededor del Puente Nuevo. Además, junto al Palacio de Congresos de Santo Domingo se instalará una pantalla gigante. En cuanto a la participación, se ha establecido un cupo máximo de 125 personas con licencia deportiva de la Federación Española de Espeleología.

www.malagahoy.es

Titular

Sintetiza el contenido fundamental de la noticia y pretende despertar el interés del lector. Puede ir acompañando de un antetítulo o un subtítulo que complementa la información.

Fuente

Indica la procedencia, autoría, fecha... de la noticia.

***Lead* o entradilla**

Ofrece las claves de la información y debe responder a las seis W o preguntas básicas, formuladas en inglés:

¿Qué?/ *What*? (hechos)
¿Quién?/ *Who*? (sujeto)
¿Cuándo?/ *When*? (tiempo)
¿Dónde?/ *Where*? (lugar)
¿Cómo?/ *How*? (modo)
¿Por qué?/ *Why*? (causa)

Cuerpo de la noticia

La información se presenta en un orden decreciente de importancia (pirámide invertida).

1.er y 2.º párrafo: motivos de la elección de Ronda para la celebración del campeonato.

3.er párrafo: supervisión del cumplimiento de las medidas de seguridad y recorrido.

4.º párrafo: lugares de seguimiento y participación.

Pie de foto

Aporta información específica de la imagen.

Cómo redactar una noticia

El **titular** suele ser una oración simple con la estructura básica de sujeto-verbo-complemento o una frase nominal, sin verbo. Si el sujeto es muy largo, puede anteponerse el verbo. En la prensa digital, el titular es un enlace que lleva a la noticia completa y, en la prensa escrita, se destaca con un tamaño de letra mayor.

El ***lead*** o **entradilla** encabeza la noticia y la resume de manera breve. Su origen es el mismo que el de la palabra *líder:* 'el que va delante'. Puede señalarse tipográficamente por medio del tamaño de letra, la negrita o por ocupar un espacio distinto al resto de la noticia. Esta función puede cumplirla el primer párrafo del cuerpo de la noticia.

El **cuerpo** desarrolla todos los elementos de la noticia:

- **Antecedentes detallados:** cómo se ha llegado a esta situación. Para ello, suelen utilizarse las formas verbales de pasado del modo indicativo.
- **Consecuencias previstas:** qué va a pasar ahora. Si no hay información segura, se usará el condicional en lugar del futuro, indicando la fuente: *Según el Ministerio, esto supondría...*
- **Declaraciones** de protagonistas o de personajes cuya opinión para el caso sea relevante. Para ello, puedes usar tanto el estilo directo, en el que reproduces las palabras dichas, siempre entre comillas; o el indirecto, en el que las declaraciones se introducen con una conjunción o un pronombre.

Claro, conciso y objetivo

Recuerda que debes ser **claro** y **conciso.** No incluyas muchas oraciones o complementos unos dentro de otros (*El sospechoso que habían comentado que estaba en el bar donde comía la víctima*), ni uses tecnicismos complejos fuera del alcance de un lector medio (*hiperestesia, prosopopeya*), palabras innecesariamente largas (*finalización, estructuración*), préstamos no admitidos o palabras de contenido vago.

También debes ser **objetivo.** No debes dar opiniones. Los adjetivos serán de tipo descriptivo *(azul)* y no valorativo *(indeseable).* Las oraciones impersonales *(No hay indicios de que...)* y las pasivas *(La presentación fue llevada a cabo por el director)* ayudan a destacar los objetos por encima del sujeto.

Tu turno

Imagina que eres periodista de un conocido periódico local y debes informar del inesperado resultado de un importante evento deportivo. Para elaborar la noticia, sigue estos pasos:

* Utiliza pretérito imperfecto para acciones que se extienden en el tiempo, perfecto simple para hechos puntuales, pluscuamperfecto para lo ocurrido antes de ese hecho pasado y perfecto compuesto para acercarnos a la actualidad.

1.º Debes conocer hasta el último detalle del asunto tratado, con el fin de ofrecer los datos de forma completa y objetiva.

2.º Organiza en un esquema la información y estructura el desarrollo de la noticia, teniendo presentes los elementos que la componen y la estructura de la pirámide invertida tanto en el orden de aparición de los mismos como en el desarrollo.

3.º Empieza a redactar la noticia, elaborando un primer borrador que responda al esquema realizado y al estilo claro, conciso y objetivo propio de la noticia.

4.º Cuida la presentación visual de tu noticia, de manera que organices y destaques el contenido fundamental por medio del tipo y el tamaño de la letra, su distribución...

5.º Incluye una fotografía que reproduzca hechos de la noticia y un pie de esta.

6.º Revisa la noticia elaborada: intención comunicativa informativa, estilo y ortografía.

01 Los sintagmas

Un **sintagma** (o grupo sintáctico) es una palabra o conjunto de palabras (estructuradas en torno a un núcleo) que cumple una función en la oración. Las funciones oracionales básicas son las de sujeto y predicado. El **sujeto** siempre es un grupo o sintagma nominal (SN) y el **predicado** siempre es un grupo o sintagma verbal (SV), pero también existen otros tipos de sintagmas: adjetival, adverbial o preposicional.

Cuando el sintagma está formado por una sola palabra, esta representa su núcleo; esto es posible con sintagmas nominales (pronombres o sustantivos), adjetivales (adjetivos), adverbiales (adverbios) y verbales (verbos). Cuando se trata grupos de palabras, una de ellas es el núcleo.

- El **núcleo** aporta:
  - La caracterización formal y funcional de todo el sintagma, es decir, qué tipo de **funciones** puede hacer. El sintagma adverbial, por ejemplo, realizará las mismas funciones que un adverbio: como un adverbio no puede ser sujeto un SAdv tampoco podrá serlo.

Antonio	*vino*	*ayer*
N (Sust)		
SN		

Luis	*es*	*perezoso*
		N (Adj)
		SAdj

Hizo	*bien*	*el*	*examen*
	N (Adv)		
	SAdv		

Nosotros	*iremos*
	N (V)
	SV

  - El contenido semántico básico del sintagma, que el resto de las palabras matiza en forma de determinantes, modificadores y complementos.

Hay conjuntos de palabras que pueden funcionar como núcleo de sintagma. Se trata de las **locuciones.** Hay tantos tipos de locuciones como de categorías, excepto determinantes.

En el caso de los verbos, además de las locuciones verbales, se puede encontrar como núcleo del SV una **perífrasis verbal.** Esta se diferencia de la locución en que está formada por dos verbos, de los cuales uno funciona como auxiliar y otro como principal. *La chica se echó a reír. Debemos partir de aquí cuanto antes.*

- Los **determinantes** son una clase de palabras que presentan a los sustantivos y, por tanto, ocupan el espacio que les precede dentro de su sintagma:

Este	*chico*
Det	N (Sust)
SN	

Mis	*libros*
Det	N (Sust)
SN	

¿Qué	*indicación?*
Det	N (Sust)
SN	

- Los **modificadores** se sitúan también delante del núcleo y matizan su intensidad o calidad. Se trata de **adverbios** que van con otros adverbios o con adjetivos y que detallan su significado.

Muy	*delicado*
Mod	N (Adj)
SAdj	

Bastante	*correctamente*
Mod	N (Adv)
SAdv	

!

Los sintagmas admiten en su estructura distintos elementos que se pueden colocar delante o detrás del núcleo:

Det **Mod** **Complemento**	**N**	**Complemento**

Locuciones

- **Adjetiva** → *De tomo y lomo.*
- **Adverbial** → *De repente.*
- **Conjuntiva** → *Con tal que.*
- **Preposicional** → *En torno a.*
- **Pronominal** → *Alguno que otro.*
- **Sustantiva** → *El qué dirán.*
- **Verbal** → *Caer en la cuenta.*

Determinantes

- Artículos determinados e indeterminados
- Demostrativos
- Posesivos
- Numerales
- Relativos
- Interrogativos y exclamativos

- Los **complementos** se sitúan acompañando al núcleo (delante o detrás de él) y sirven para restringir la realidad a la que se refieren y matizar su significado:

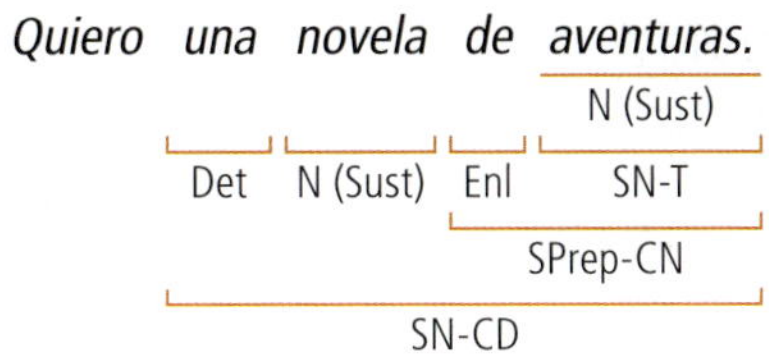

01.1 Estructura de los sintagmas

El **núcleo** de los distintos sintagmas puede verse acompañado por diferentes elementos que lo modifican o complementan:

- **Sintagma nominal:** puede llevar un determinante (Det), una aposición (SN) o un complemento del nombre (SAdj, SPrep o SAdv).

- **Sintagma adjetival:** puede llevar un modificador (Mod) y un complemento del adjetivo (SPrep).

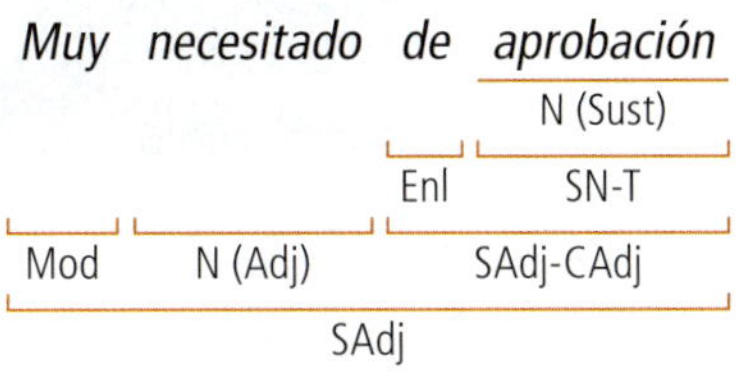

- **Sintagma adverbial:** puede verse acompañado por un modificador (Mod) y por un complemento adverbial (SPrep).

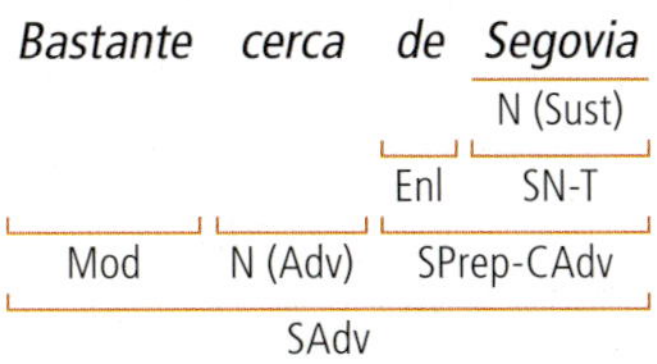

- **Sintagma verbal:** los complementos del verbo pueden repartirse con libertad en la oración. Un núcleo verbal puede ir acompañado de un sintagma adjetival (*Llegó cansada*), adverbial (*Viajaremos lejos*), nominal o preposicional.
- **Sintagma preposicional:** la preposición, a diferencia de otras categorías, no puede ser el núcleo del sintagma ella sola, sino que sirve de enlace a un sintagma término, que puede ser nominal, adjetival o adverbial.

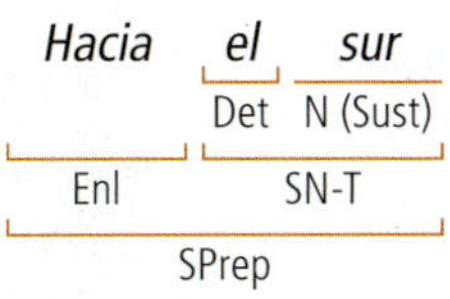

> **!** En el sintagma preposicional, la preposición es el núcleo formal del sintagma, pues permite al sintagma realizar determinadas funciones. El núcleo semántico aporta el significado léxico. Por esta razón, se puede afirmar que en el sintagma preposicional hay dos núcleos: el formal (preposición) y el semántico (SN, con su propio núcleo).

ACTIVIDADES

1 Indica cuál es el núcleo de los siguientes sintagmas y, después, el tipo de sintagma en función del tipo de núcleo:

- **a.** La primera prueba de la Copa del Mundo.
- **b.** Muy contento con la carrera.
- **c.** Bastante lejos de ese lugar.
- **d.** Especialmente satisfecho con tu actitud.
- **e.** Encontraron un hombre del Neolítico.

2 Localiza en el siguiente texto todos los determinantes y rodea en cada caso el núcleo al que acompañan:

> Decididamente, nuestros pulmones necesitan un respiro. En los últimos días, muchos ciudadanos denuncian a través de Twitter, con el hashtag #MadridDaAsco, la insostenible situación de la capital del país [...].
>
> La ley europea limita a 40 microgramos de NO_2 por metro cúbico de aire la concentración media anual de este contaminante por estación.
>
> Según los expertos, estos niveles de contaminación se deben al tiempo anticiclónico que acecha a la comunidad desde principio de este nuevo año. El protocolo del Ayuntamiento de Madrid establece restricciones al tráfico en caso de que se dispare la contaminación por dióxido de nitrógeno, como en este caso.
>
> http://elpais.com

3 Incluye en los siguientes sintagmas un modificador:

- **a.** Cerca de tu casa.
- **b.** Olvidado por todos.
- **c.** Sin fuerzas.
- **d.** Prematuramente.
- **e.** Con gracia.

4 Di cuál es la categoría de los núcleos subrayados en el siguiente texto y sustitúyelos por locuciones o perífrasis.

> <u>Desde</u> la llegada, por carretera o en tren, las posibilidades son, <u>efectivamente</u>, infinitas. El valle de la Fuenfría, frontera natural con la provincia de Segovia, es el corazón natural del municipio.
>
> Incrustado entre las escarpadas cumbres de la sierra, de él no solo <u>brota</u> el río Guadarrama, que bebe del arroyo de la Venta, sino también, y <u>especialmente</u> en este caso, algunas de las alternativas para tu fin de semana.
>
> www.abc.es

5 Señala en el siguiente texto todas las preposiciones y rodea el sintagma término en cada caso:

La señalización recordará el origen ferroviario del itinerario, usando traviesas de madera como soporte para los hitos kilométricos y para las barandillas.

El alcalde de Coín, Fernando Fernández, destacó ayer la importancia que este proyecto tiene para el municipio. «Ya era hora de que la provincia de Málaga contara con una vía verde. Se trata de un punto en el que se van a fijar muchas personas», declaró.

http://sevilla.abc.es

6 Extrae del texto ejemplos de sintagmas de los tipos indicados en la tabla diferenciando entre los que tienen o no complementos. ¿Cuáles son los que predominan?

El 28 de marzo se abrirá al público la novedad más esperada del año: el Caminito del Rey, el vertiginoso paso por el desfiladero de Los Gaitanes, en El Chorro (Málaga), rehabilitado después de estar cerrado durante años.

Es el último de los caminos históricos recuperados por el programa Caminos Naturales, que hoy ya suman más de un centenar de rutas, con una longitud total de 8 700 kilómetros, entre vías pecuarias, caminos de sirga, vías verdes, carreteras abandonadas o sendas históricas como el Camí de Cavalls, una red de senderos que enlazaba las torres de defensa repartidas alrededor de la isla de Menorca.

http://elviajero.elpais.com

	Ejemplos sin complemento	Ejemplos con complemento
SN		
SAdj		
SAdv		
SV		

7 Analiza los sintagmas subrayados del texto:

Como el agente especial que protagonizaba la serie de los ochenta, <u>la selección natural</u> toma las herramientas que tiene a mano y les da <u>nuevos usos</u>. Un ejemplo son las plumas, que funcionaban como un <u>sistema de climatización</u> para los dinosaurios y acabaron sirviendo para volar.

Otra muestra de la forma de operar de la naturaleza son las manos humanas. Con un pulgar enfrentado al resto de dedos, permiten manejar con precisión <u>desde puntas de lanza</u> hasta pinceles, y se consideran un paso fundamental en el proceso de humanización.

Sin embargo, como mostraba un estudio reciente, nuestros ancestros tenían manos modernas mucho antes de que sus cerebros fuesen capaces de utilizarlas para crear tecnología. Es posible que <u>aquellas herramientas</u> resultasen ya útiles para hurgar <u>en el tronco de los árboles</u> en busca de comida o, recolectar raíces, y, después, cuando la aparición de <u>una mente más compleja</u> lo hizo posible, se acabasen empleando para tareas más sofisticadas.

http://elpais.com

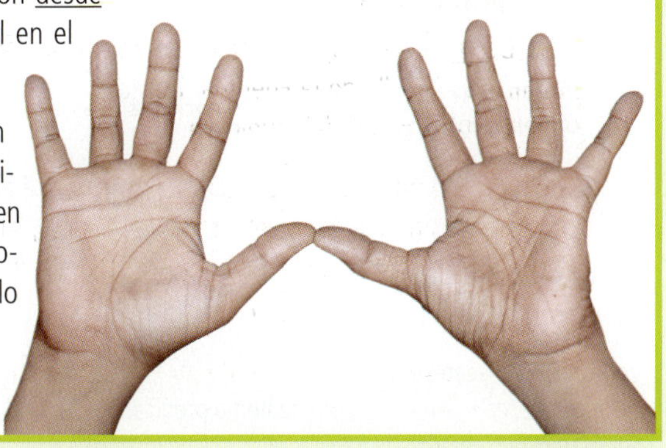

01.2 Las funciones de los sintagmas

Las funciones básicas de la oración, que son el sujeto y el predicado, las realizan, respectivamente, el sintagma nominal (con un núcleo sustantivo o pronominal) y el sintagma verbal (con un núcleo verbal). El resto de los sintagmas desempeñan funciones diferentes dependiendo de cuál sea el núcleo al que complementan.

- **Sintagma nominal**

Núcleo al que complementa	Funciones	Ejemplos
Verbo	Complemento directo (CD)	*El campeón **subió** la montaña.*
Verbo	Complemento indirecto (CI) (solo pronombres)	*Le **dio** su parte.*
Verbo + SN Suj/CD	Complemento predicativo (CPred)	*Lo **nombraron** presidente.*
Verbos *ser, estar* o *parecer*	Atributo (Atrib)	*Juan **es** el campeón.*
Verbo	Complemento circunstancial (CC)	*Todas las mañanas **sale** a correr.*
Sustantivo	Aposición (Apos)	*El **campeón**, un atleta malagueño, corrió dos horas.*

- **Sintagma adverbial**

Núcleo al que complementa	Funciones	Ejemplos
Verbo	Complemento circunstancial (CC)	*Se **pararon** repentinamente.*
Adjetivo	Modificador (Mod)	*Estaba demasiado **cansado**.*
Adverbio	Modificador (Mod)	*Lo hicieron bastante **bien**.*
Sustantivo	Complemento del nombre (CN)	***Calle** arriba.*
Verbos *ser, estar* o *parecer*	Atributo (Atrib)	*Eso está bien.*

- **Sintagma adjetival**

Núcleo al que complementa	Funciones	Ejemplos
Sustantivo	Complemento del nombre (CN)	*Este **atleta** malagueño fue el campeón.*
Verbos *ser, estar* o *parecer*	Atributo (Atrib)	*El chico **es** muy voluntarioso.*
Verbos que no sean *ser, estar* o *parecer* + SN Suj/CD	Complemento predicativo (CPred)	*Los participantes **llegaron** bastante agotados.*

- **Sintagma preposicional**
  Cualquier sintagma puede ser término de una preposición, que funciona como enlace, y adoptar nuevas funciones.

El	*hijo*	*de*	*mi*	*hermano.*
			Det	N (Sust)
		Enl	SN-T	
Det	N (Sust)	SPrep-CN		
SN				

El	*chico*	*de*	*aquí.*
			N (Adv)
		Enl	SAdv-T
Det	N (Sust)	SPrep-CN	
SN			

Una	*mujer*	*de*	*blanco.*
			N (Adj)
		Enl	Adj-T
Det	N (Sust)	SPrep-CN	
SN			

Núcleo al que complementa	Funciones	Ejemplos
Sustantivo	Complemento del nombre (CN)	*La **prueba** de la jornada resultó muy difícil.*
Adjetivo	Complemento del adjetivo (CAdj)	*Estaban **llenos** de vitalidad.*
Verbo	Complemento directo (CD) *a*	***Esperaron** a los rezagados.*
Verbo	Complemento indirecto (CI) *a*	***Repartieron** agua a los participantes.*
Verbo	Complemento de régimen verbal o suplemento (CRég)	***Se aprovecharon** de su ingenuidad.*
Verbo	Complemento circunstancial (CC)	***Llegaron** a las ocho.*
Verbo en pasiva	Complemento agente (CAg) *por*	*El evento **fue inaugurado** por el alcalde.*
Verbos *ser, estar* o *parecer*	Atributo (Atrib)	*El ganador **es** de Málaga.*

A veces, no es fácil distinguir la estructura de sintagmas de una secuencia de palabras aunque, normalmente, cuando los sintagmas no están uno dentro de otro permiten el cambio de orden en la oración: *Tomó con leche un café* parece menos gramatical que *Tomó con su amiga un café*. Esto ocurre porque los sintagmas que están dentro de otros forman con ellos una unidad. Además, muchas veces es posible hacer sustituciones de sintagmas que integran a otro por sintagmas que no lo integran, como:

Ella sacó un aprobado. → *Ella aprobó.*

Es un profesional de la enseñanza. → *Es un profesor.*

Aunque no siempre es posible hacer estas sustituciones, pues no en todos los casos hay un equivalente léxico. Este hecho es una prueba más de que un sintagma que se introduce dentro de otro forma con él una unidad.

A veces, no es fácil distinguir la estructura de sintagmas de una secuencia de palabras. Es más, en ocasiones, se producen oraciones que pueden interpretarse de dos formas diferentes, según sea su estructura de sintagmas:

Vi [al hombre [con el catalejo]]. *Vi [al hombre] [con el catalejo].*

En el primer caso, el hombre lleva un catalejo y en el segundo caso es el instrumento con el que el sujeto ve al hombre.

ACTIVIDADES

8 Rodea y di de qué tipo son y qué función realizan los sintagmas que están enlazados por las conjunciones subrayadas.

a. Es una chica simpática, pero un poco pesada.

b. Hoy y mañana estará cerrada la biblioteca.

c. Luis y su primo no vendrán a la excursión.

d. Compraré fruta y bebidas para el paseo.

e. Llegaron exhaustos, pero felices.

f. Lo haré en solitario y sin ayuda.

9 Identifica los sintagmas adjetivales y rodea su núcleo. ¿A qué elemento complementan? ¿Cuál es la función de estos sintagmas nominales?

> Como su propio nombre indica, un deporte de riesgo entraña un peligro que puede repercutir negativamente sobre la salud. Pero todas las actividades físicas conllevan ese riesgo. Es algo que hay que tener en cuenta: la relación entre el beneficio que aporta el ejercicio y el riesgo que supone.
>
> Hay otros deportes de riesgo que también proporcionan un beneficio físico muy claro. El montañismo de alta altura es un ejemplo: es muy peligroso, tal como muestran los datos, pero la preparación previa a la que se someten los montañistas sí beneficia al cuerpo, pues tienen que entrenarlo para resistir en zonas con poca concentración de oxígeno. Prepararse para escalar el Everest implica una disposición cardiovascular brutal.
>
> http://elpais.com

10 Rodea los verbos del texto. Luego, complétalos con distintos complementos que tomen la forma de diferentes tipos de sintagmas.

> La ONG Kindsurf desarrolla su actividad en el plano de la concienciación. Organizan charlas informativas y seminarios donde destacan la importancia que tiene la implicación de las distintas asociaciones y clubes dedicados a impartir enseñanzas sobre este deporte acuático a la hora de otorgar a niños y adolescentes con algún tipo de discapacidad intelectual la posibilidad de disfrutar de unas jornadas de surf.
>
> http://elpais.com

11 Completa con un sintagma encabezado por una preposición y señala qué función cumple dicho sintagma.

a. Enfermo…

b. Asustado…

c. Libro…

d. Mesa…

e. Agua…

f. Tigre…

12 Clasifica los sintagmas con preposición de estos textos. Señala qué elemento complementa cada uno de los sintagmas identificados.

> Para ello, el método ideado por Joseph Pilates fusiona control mental, respiración y relajación, y los materializa en una serie de ejercicios que buscan, ante todo, la firmeza de la columna vertebral.
>
> Este control mental ejercido en aras de alcanzar el corporal se intensifica en la versión acuática de pilates.
>
> http://elpais.com

> Pese a estar a solo 416 kilómetros de la costa de Mozambique, sus primeros pobladores no llegaron desde el continente, sino atravesando el Índico desde Indonesia hace miles de años.
>
> En cuanto a fauna, no existen en su territorio grandes felinos ni **paquidermos,** por contra, es uno de los lugares del planeta donde más animales endémicos se pueden encontrar, el 80 % de las especies que habitan esta isla, la cuarta más grande del mundo, lo son.
>
> www.ocholeguas.com

13 Rodea los sintagmas de las siguientes expresiones, debes dejar claro cuáles se encuentran dentro de otros. Explicita las pruebas que has realizado o explica cómo has llegado a esa conclusión.

a. Bastante contento con sus resultados.

b. Las calificaciones de su hermano pequeño.

c. Esas personas cansadas de sus trabajos.

d. Mantenemos muy buenas relaciones.

e. Trabajadores al cuidado de la planta de procesamiento.

14 Busca todos los verbos del texto y rodéalos. A continuación, indica de qué tipo son todos los sintagmas que los complementan rellenando un cuadro como el que te presentamos abajo.

> En realidad, la historia de la humanidad está llena de aventureros que arriesgaron vida y patrimonio para hacer posible un sueño. Y de esos sueños han surgido no pocos de los avances de los que después nos beneficiamos. ¿Tenía sentido intentar llegar al Polo Norte o atravesar el Atlántico en aquellas frágiles avionetas? Visto retrospectivamente, muchas de esas locuras tuvieron sentido. Con el tiempo se verá qué aporta el salto de Baumgartner, pero sin ese espíritu de superación y sin la curiosidad que anida en la mente humana ni siquiera hubiéramos dominado el fuego.
>
> elpais.com

Verbo	SN	SPrep	SAdj	SAdv

15 Di de qué tipo son y qué función realizan los sintagmas subrayados en el siguiente texto:

> En la foto, una joven paracaidista planea sobre campos labrados de los alrededores de Upsala, la cuarta ciudad de Suecia (180 000 habitantes; 40 000 universitarios), a una hora en coche o 40 minutos en tren de Estocolmo.
>
> Su universidad, fundada en 1477, es la más antigua de los países nórdicos; allí estudió y trabajó Carl von Linné, más conocido como Linneo (1707-1778), el botánico sueco que sentó las bases de la moderna taxonomía (clasificación y nomenclatura biológica) de animales y plantas.
>
> A finales de abril, en la ciudad que puso nombre a las flores, se prodigan los festejos por el esplendor renovado de la naturaleza. En especial durante la noche de Valborg o Walpurgis, del 30 de abril al 1 de mayo, en la que se encienden hogueras y se arrojan al fuego las cosas innecesarias acumuladas durante un año.
>
> elviajero.elpais.com

16 Identifica el sujeto y el predicado de las siguientes oraciones:

a. Sus mejores amigos han viajado a París este fin de semana.

b. Esas fiestas tan multitudinarias me provocan un poco de ansiedad.

c. Ayer volvieron al atardecer mis padres de su ruta de senderismo.

d. Esta costumbre parece poco sana.

e. No me gustan esos ademanes tuyos.

f. A Luis lo citó un famoso abogado ayer.

02 El sujeto

El sujeto y el predicado son los componentes básicos de la oración. El **sujeto** es una función que indica aquello a lo que se refiere el predicado.

Cuando el sujeto no está presente de forma explícita, se puede deducir por la persona del verbo. Se dice entonces que está omitido o elidido: *¿Has encontrado el libro?* (verbo en 2.ª pers. del sing. Sujeto omitido: *tú*).

Entre el sujeto y el predicado se da una relación de **concordancia**, es decir, presentan morfemas repetidos, que se manifiestan en el núcleo del sujeto (y sus acompañantes) y en el núcleo del predicado. Estos morfemas (de número y persona) sirven para detectar el sujeto, aunque este ocupe un lugar distinto al habitual del comienzo de la oración:

Sus amigos	*estaban cansados.*
SN-Sujeto	SV-Predicado

A Juan no le gustan	*las películas de terror.*
SV-Predicado	SN-Sujeto

Si aparecen en el predicado adjetivos referidos al sujeto, también deben concordar en género con él: *Su amigo estaba cansado* → (masculino singular). *Sus amigas estaban cansadas* → (femenino plural).

En la concordancia entre el verbo y el sujeto se pueden dar estos casos:

- Cuando hay **dos sustantivos coordinados** con *y*, el verbo va en plural, aunque puede ir en singular si se entienden como parte de un todo y si van pospuestos, se refieren a sustantivos abstractos y no están actualizados *(María y Juan salieron temprano / Me faltó tiempo y dinero para terminar el viaje.)*
- Con **tanto... como**, el verbo debe ir en plural *(Tanto María como Juan deben aprobar el examen).*
- Con sustantivos **colectivos** deben llevar el verbo en singular, salvo si tienen un sustantivo en plural tras el verbo *ser (Esta gente son extranjeros / La gente quiere entrar en el cine.)*
- Con **sustantivos** en singular **que expresan cantidad** y complemento plural, la concordancia puede hacerse con uno o con otro. *(La mayoría de los estudiantes estaba en el aula / La mayoría de los estudiantes estaban en el aula.)*

El sujeto es una **función** que realizan los sintagmas nominales, con un núcleo nominal o pronominal, un infinitivo o un elemento sustantivado.

Comer	*es*	*necesario para vivir.*
SN-Suj		SV-Predicado

El [coche] azul	*está aparcado muy lejos.*
SN-Sujeto	SV-Predicado

Los **determinantes** presentan al **núcleo**, que puede ir complementado por:

- **Aposición** (**Apos**): desempeña esta función un SN.
- **Complemento del nombre** (**CN**): puede desempeñar esta función un SPrep *(El hijo <u>del profesor</u> tiene veinte años)*, un SAdj *(El libro <u>rojo</u> está sobre la mesa)*, que expresa una cualidad del sustantivo al que acompaña, o una oración subordinada *(El libro <u>que me regalaste</u> está sobre la mesa).*

Sujeto omitido

El hablante, normalmente, omite el sujeto porque:

- Ya es conocido para el receptor:

  Unos amigos de tu hermano trajeron esta información.
  Después, [los amigos de tu hermano] realizaron una encuesta.

- Es desconocido para el emisor:

  Te han llamado hoy dos veces.

- Al emisor no le resulta importante su identidad concreta:

  Venían repartiendo información de casa en casa.

La aposición

La aposición puede ser especificativa o explicativa.

La aposición **especificativa** se usa para concretar a qué se refiere el núcleo.

El primo Paco llegará hoy. (De todos los primos, me refiero a Paco).

En la **explicativa,** la referencia ya está definida y se aporta información nueva sobre ella:

El primo Paco, doctor en Psiquiatría, llegará hoy. (Se sabe quién es el primo Paco y se añade algún rasgo o dato sobre él).

La aposición explicativa se escribe entre comas.

ACTIVIDADES

17 Señala los sintagmas nominales sujeto del texto. ¿Cuántas oraciones hay de sujeto omitido? Escríbelas.

> Este cerro, de 903 m de altitud, se encuentra en el término municipal de Montejaque y forma parte de una serie carbonatada de Edad Jurásica, con una estructura anticlinal de flancos verticales. La cubierta vegetal es escasa, predominando el matorral mediterráneo.
>
> El poblamiento faunístico es importante: halcón peregrino, búho real, cernícalo, alimoche, entre el grupo de las aves, siendo la presencia esporádica del gato montés lo más destacable en mamíferos.
>
> Presenta un extraordinario valor paisajístico, espeleológico (complejo Hundidero-Gato) y arqueológico gracias a las pinturas rupestres paleolíticas, materiales cerámicos, líticos y óseos del Neolítico Final-Calcolítico encontradas en la cueva de Hundidero.
>
> www.turismoderonda.es

18 Indica dónde empiezan y terminan los sintagmas nominales cuyo núcleo se subraya.

> **Dieta base**
>
> Es la que se constituye como norma diaria. Se basa en una buena <u>selección</u> de alimentos, unos <u>procedimientos</u> adecuados de preparación culinaria y unas <u>normas</u> para el horario de comidas, duración de las mismas, etc. Para su preparación se deben escoger <u>alimentos</u> con garantías nutritivas.
>
> www.uned.es

19 Di de qué tipo son y qué función realizan los sintagmas subrayados en el siguiente texto:

> El próximo domingo, <u>el Burgos Club de Fútbol</u> recibirá en el Estadio Municipal El Plantío (17:00 horas) al Real Oviedo, actual líder del Grupo I de la Segunda División B, y para <u>preparar tan importante cita</u> todo apunta a que no va a poder disfrutar de <u>la mejor semana de entrenamientos posible.</u>
>
> Las inclemencias meteorológicas (lluvia, nieve, frío, heladas) van a tener en vilo durante todos estos días <u>al cuadro técnico burgalesista.</u>
>
> www.diariodeburgos.es

20 Identifica el núcleo de los sintagmas nominales de estas oraciones y clasifícalos según los tipos indicados. ¿Qué sentido puede tener la ausencia de determinante?

a. Busco amigos de otros países.

b. Algunas personas de este centro no están de acuerdo con las nuevas normas.

c. Todos los alumnos interesados presentarán la solicitud en el aula oportuna.

- Sin elementos antepuestos → .....
- Con un determinante → .....
- Con dos determinantes → .....
- Con un determinante y un complemento adyacente → .....

21 Indica qué morfemas marcan la concordancia entre sujeto y predicado en estas oraciones:

a. Llegaron sus amigos a las cuatro de la tarde.

b. Me apetecían unos cacahuetes, pero Ana no tenía en su casa.

c. ¿Habéis comprado vosotros las cosas de la fiesta?

d. Ellos son los encargados de comprar todo.

22 Completa la oración con la concordancia verbal adecuada del verbo *hacer.*

a. El chico y su hermana...

b. El ejército...

c. Una gran cantidad de alumnos...

d. Tanto Luis como Antonio...

23 ¿En cuáles de los siguientes sujetos ha habido sustantivación?

a. El más inteligente es el hermano mayor.

b. El de la mesa me gusta más que el color de la silla.

c. El ayer no debe impedir que pensemos en mañana.

d. Las ganadoras fueron las alumnas de 1.º de la ESO.

24 Completa con el verbo en presente de indicativo según indican las normas de concordancia:

a. Tanto Juan como Luis (*comprar*) en esta tienda.

b. Esta gente (*ser*) invitados de tu tía.

c. El rebaño (*acudir*) a la llamada del pastor.

EVALUACIÓN

CONQUISTA DEL DAWN WALL DE YOSEMITE»

La ascensión a la historia de dos escaladores en la pared de El Capitán

Dos estadounidenses se convierten en los primeros en hacer cima en la pared de Yosemite sin más herramientas que sus pies y manos

CRISTINA F. PEREDA

Tommy Caldwell y Kevin Jorgeson miraban cada pocos segundos hacia el cielo. **Buscaban** el último tramo de pared, los recovecos y las grietas en el granito que les separaban de la historia. Este miércoles, después de más de dos semanas sin pisar el suelo del valle de Yosemite (California), han logrado ascender el Dawn Wall, el muro vertical de El Capitán, considerado el más difícil del mundo. Nadie antes había conseguido superar la vía más difícil de El Capitán, la más difícil del mundo, en estilo libre, sin más ayuda que sus pies y sus manos, y protegidos únicamente por las cuerdas de seguridad.

A las diez de la mañana, hora local, los dos jóvenes escaladores, estrellas de este deporte en Estados Unidos, ajustaban sus arneses ante las cámaras de televisión, que han retransmitido en directo su ascensión a la pared de granito más lisa y más alta de Norteamérica. El primero en abrirse camino fue Caldwell, campeón del mundo con solo 16 años y líder de la ascensión durante estos 19 días. En los tres últimos, decidió, además, esperar a su compañero, Jorgeson, afectado por lesiones en las manos y obligado a descansar durante varias jornadas tras perder la piel de los dedos. Seis horas después de arrancar el último tramo rumbo a la historia, Caldwell **esperaba** a su compañero para rozar juntos la cima.

http://deportes.elpais.com

Vista del Dawn Wall.

1 ¿A qué preguntas informativas da respuesta la entradilla de esta nota?

2 Responde a las siguientes preguntas:

a. ¿Qué quiere decir *hora local*?

b. ¿Cuánto ha durado la ascensión?

c. ¿Qué medidas de seguridad han estado presentes en la escalada?

d. ¿Por qué decidió Caldwell esperar a su compañero?

3 Escribe otro titular acorde con el contenido de la noticia. ¿Qué características de estilo gramatical tiene el titular que has utilizado? ¿Y el que aparece en el texto?

4 ¿Crees que se ha seguido la estructura de pirámide invertida? Justifica tu respuesta.

5 Prepara un guion para dar esta noticia por radio, con dos locutores y al menos dos intervenciones de declaraciones.

6 Di de qué tipo son los sintagmas subrayados en el texto y rodea su núcleo.

7 Analiza este sintagma nominal sujeto.

«Los dos jóvenes escaladores, estrellas de este deporte en Estados Unidos».

8 ¿Cuál es el núcleo de cada sintagma y qué clase de palabra es? ¿Qué proceso ha tenido lugar?

- *El más difícil del mundo.*
- *El primero.*

9 Identifica los sintagmas que complementan a cada uno de los verbos en negrita.

10 Redacta un comentario a esta noticia. Para ello, fíjate en los periódicos digitales y utiliza un estilo parecido para elaborarlo. Intenta que el texto tenga cuatro o cinco líneas.

EVALUACIÓN

1 Completa el siguiente esquema en tu cuaderno.

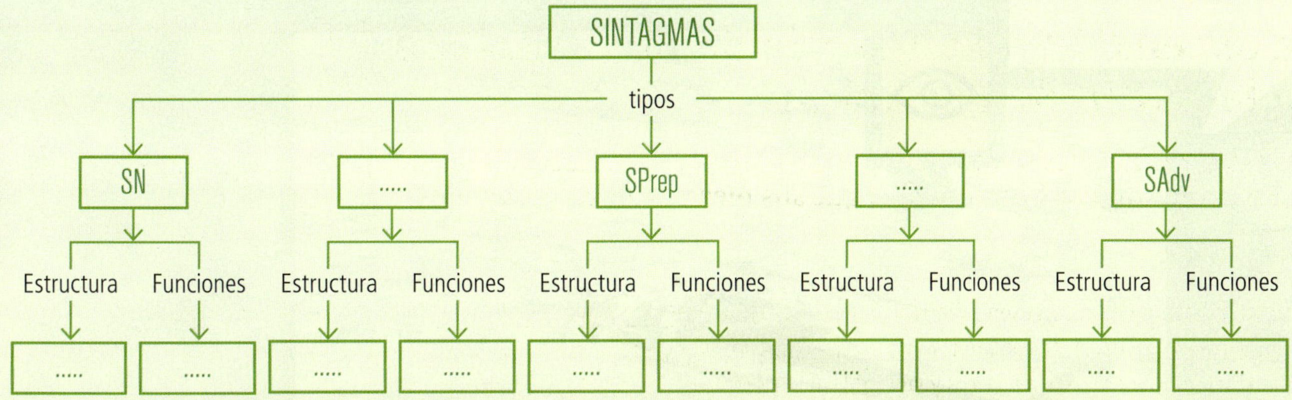

2 Detalla en la siguiente tabla las semejanzas y diferencias entre una noticia oral y una escrita.

	Semejanzas	Diferencias
Noticia oral		
Noticia escrita		

3 Da ejemplos de este texto sobre los rasgos del lenguaje periodístico:

a. Las oraciones son cortas y sencillas.

b. Los adjetivos son de tipo descriptivo, sin mostrar la opinión del periodista.

c. Los verbos se encuentran principalmente en pasado.

d. La información básica (preguntas W) está al inicio.

> Un joven británico de 14 años, que estaba realizando una ruta en la localidad austriaca de Moltaler Gletscher, cayó desde el pico Scharek, de 3 000 metros de altura, por hacerse un selfi. Se deslizó ladera abajo y se detuvo milagrosamente poco antes de estrellarse contra unas rocas. El adolescente estaba con cinco amigos y un instructor de esquí en la parte superior del monte cuando ocurrió el incidente. Milagrosamente, el joven solo sufrió golpes y moretones en las piernas y la parte superior del cuerpo. Fue trasladado en helicóptero al hospital de Schwarzach. Según recoge la web de Desnivel, hace unos días se produjo un caso parecido: un holandés de 35 años sobrevivió tras caer por el barranco del Fin del Mundo en Sri Lanka. El hombre, que estaba en viaje de luna de miel, cayó al intentar hacerle una foto a su mujer. Su caída de 40 metros fue detenida por un árbol. El turista fue rescatado por el ejército después de tres horas y media colgado del árbol.
>
> www.abc.es

4 Pon ejemplos de sintagmas de los siguientes tipos, indicando su núcleo y sus complementos.

a. Sintagma nominal.

b. Sintagma verbal.

c. Sintagma adjetival.

d. Sintagma adverbial.

5 Construye una oración con cada una de las posibles funciones que puede tener un sintagma introducido por una preposición.

6 ¿Qué funciones tienen en común?:

- Sintagmas nominales y adjetivales.
- Sintagmas adjetivales y adverbiales.
- Sintagmas nominales y adverbiales.

7 ¿Cómo es la concordancia entre el sujeto y el predicado cuando el núcleo del sujeto es un sustantivo colectivo?

8 Marca el sujeto en las siguientes oraciones y haz un análisis morfosintáctico de cada uno de ellos:

- El hijo de mi primo ha terminado la carrera de Medicina.
- A todo el mundo le llega en la vida su oportunidad.
- Todos merecemos una oportunidad.
- El señor Martín no vive aquí.
- Me agrada mucho esa chica americana.

DIARIO DE APRENDIZAJE

¿Qué parte de la unidad te ha supuesto un mayor esfuerzo y dedicación?

04 Más allá de la noticia

¿Puedes establecer alguna relación entre esta unidad y las anteriores? ¿Qué contenido crees que te puede ayudar para entender mejor lo que se cuenta en esta?

Cuando hay una situación extrema, muchas veces vemos periodistas «al filo de la noticia». Aquí, en cambio, están «al filo del reportaje».

1 Observa las imágenes y haz una hipótesis sobre el posible contenido del vídeo.

2 ¿A qué crees que alude el título de la unidad?

3 ¿Qué diferencias crees que hay entre la noticia y el reportaje?

4 ¿Sobre qué temas te gustaría ver un reportaje?

VÍDEO 4.1
En tu libro digital

En este reportaje de televisión española «Aquí la tierra» aparecen profesionales de la comunicación y de la Guardia Civil.

1 ¿Qué papel tiene cada uno en él?

2 ¿Cuál de las imágenes de esta página no se corresponde con el tipo de rescate que se desarrolla en el audio?

3 ¿Por qué es importante que existan reportajes como el que te mostramos?

4 ¿En qué tipo de programas de televisión se pueden ver reportajes como este?

El reportaje televisivo

El **reportaje** es un género periodístico en el que se desarrolla un tema de interés general, o bien una noticia en profundidad, aunque esta no sea actual.

No presenta una estructura prestablecida como la noticia. Aunque su función primordial también sea informar, lo hace de una manera más extensa, libre y creativa. Además, permite la interpretación de los hechos, a través de entrevistas a los protagonistas o a expertos en la materia.

Hay distintos tipos de reportajes televisivos según su duración, la temática y la manera de enfocarla (reportaje biográfico, educativo, de investigación...).

El **reportaje televisivo** puede aparecer en programas de televisión sobre noticias o en magacines. También pueden constituir un programa en sí mismo, sobre todo si no parte de un acontecimiento de actualidad y se dedica a la presentación de un hecho histórico en una zona geográfica...

En el reportaje televisivo conviven la imagen, la palabra y la música.

Puedes ver ejemplos de los planos en la siguiente página web:

www.solosequenosenada.com

La imagen

El **lenguaje audiovisual** es un elemento esencial. Si en el reportaje escrito leemos una secuencia de oraciones y párrafos, en los reportajes audiovisuales, además de la palabra, las imágenes presentan la realidad de una manera selectiva mediante el uso de distintos tipos de planos:

- **Plano americano.** Muestra al personaje solo desde la cabeza hasta rodillas.
- **Plano general.** Se presenta el escenario, el ambiente y los protagonistas.
- **Primer plano.** Solamente se capta la cara y los hombros del protagonista.
- **Gran plano o primerísimo primer plano.** Se capta la cara y la expresión del protagonista; estos planos son muy efectivos cuando se está hablando acerca de los sentimientos o ideas que que tienen lugar después de un suceso.

La voz del reportero

El reportero puede aclarar el significado de las imágenes que se ven en pantalla, en cuyo caso sus palabras tendrán una función descriptiva; puede explicar lo contrario de lo que aparece en la imagen, y entonces la función será de contraste o si se centra en contar exactamente lo que los espectadores están viendo, la funcionalidad de la voz será redundante o repetitiva.

La música

La **música** ayuda a crear una atmósfera adecuada al contenido de la información y puede generar sensaciones psicológicas en el espectador (sorpresa, miedo...), así como marcar los estados de ánimo (enfado, alegría...).

Tu turno

1 Ve de nuevo el reportaje del rescate en la montaña en condiciones climáticas adversas y contesta estas cuestiones.

VÍDEO 4.1

- El reportaje tiene unas características diferentes con respecto a la noticia. Determina por qué se trata del primero y no de la segunda.
- Hemos estudiado diferentes tipos de planos, algunos de los cuales estaban en el vídeo del rescate en la nieve. Señala cuáles de ellos se utilizan para describir a los personajes y cuáles se usan para los escenarios en el reportaje.
- ¿En qué tipo de espacio televisivo crees que tendría cabida un reportaje como este?
- ¿Qué sensaciones o ideas te ha transmitido la música del vídeo? ¿Crees que está bien elegida?
- ¿Te parece que las palabras complementan bien a las imágenes? Justifica tu respuesta.

2 Ahora, en grupos de cuatro, vais a elaborar un reportaje televisivo. Para ello, te sugerimos que sigas estos pasos:

Elección del tema

Entre los cuatro, pensad qué tipo de actividad o situación es interesante para un reportaje y acorde con los medios que tenéis (actividades solidarias en tu entorno, actividades extraescolares de tu centro, gustos literarios de los jóvenes, hábitos de lectura...).

Búsqueda y organización de la información

Recopilad toda la información que podáis, que has de recoger de distintas fuentes (entrevistas, noticias, otros reportajes, informes...).

Diseño de la estructura

Esta es una estructura muy básica que se puede seguir: presentación del lugar y del objetivo del reportaje, entrevista con los protagonistas o expertos en la materia, introducción de otros detalles relevantes para el contenido informativo y cierre.

Pensad varias estructuras más y votad por la que más os convenza.

Selección de los planos

Si habéis seguido los pasos anteriores, podréis seleccionar qué tipo de planos os gustaría incluir con la cámara y por qué. Al menos se debe contar con un plano para un paisaje o escenario, un entrevistado y un objeto que sean importantes en el tema o en el hecho que ha provocado la realización del reportaje. Por cada elección que se haga tenéis que justificar por qué habéis elegido un plano y no otro.

Elección de la música

Para que vuestra selección sea adecuada, tened en cuenta los siguientes factores:

- Pensad en qué sentimientos queréis despertar en los espectadores con cada plano.
- Cada miembro del grupo seleccionará tantas melodías o canciones como planos hayáis decidido incluir y justificará las razones de su elección.
- Votad las que os parezcan más adecuadas para vuestros planos.

En función de los medios de cada centro educativo, podréis probar a grabar el reportaje y, si vuestro centro dispone de él, usar un programa básico de edición para combinar las imágenes, que llevan incluidas las voces de los personajes y la música que se va a añadir.

LEER

Observa la ilustración y contesta las siguientes preguntas (las respuestas quizá te ayuden a comprender mejor este texto).

¿Qué representa esta imagen? ¿De qué época crees que puede ser? ¿Recuerdas algún lugar conocido donde haya este tipo de pinturas? ¿Sabes cuál era su función?

Ötzi, el hombre de hielo rescatado en las cumbres alpinas

En 1991, una pareja de montañeros alemanes descubrió en los Alpes el cadáver de un pastor neolítico muerto hace más de cinco mil años

Por **Carme Mayans. Historiadora,** Historia NG n.º 133

Los montañeros iban rodeando con cautela las fisuras y salientes rocosos hasta que, tras una hora de esfuerzo, se encontraron con una loma junto a una estrecha hondonada. La cañada estaba inundada de hielo derretido procedente de los glaciares, y Helmut y Erika tuvieron que rodear el obstáculo. Fue entonces cuando observaron una mancha marrón que sobresalía del aguanieve. Helmut le comentó a Erika que parecía la cabeza de un muñeco, pero al acercarse a echar un vistazo se dieron cuenta de que se trataba de la cabeza y los hombros de un cadáver humano. Junto al cuerpo yacían los restos de una especie de maletín hecho de corteza de árbol y, un poco más lejos, la atadura de un esquí azul. La presencia de este último hizo que Helmut y Erika dedujeran que el cadáver era el de un montañero fallecido en un accidente algunos años atrás.

[...] Pero Reinhold Messner, un experimentado montañero austríaco que se encontraba allí, pensó que había cosas que no cuadraban, como el hacha rústica y el gran arco de madera de tejo [...]. «En cuanto lo vi me di cuenta de que se trataba de un importante descubrimiento arqueológico», diría más tarde.

Estas declaraciones despertaron el interés de Konrad Spindler, director del Instituto para la Prehistoria de Innsbruck, que acudió de inmediato al Instituto de Medicina Forense de la ciudad, adonde se habían llevado los restos una vez liberados del hielo [...]. El hacha era una hoja de metal en forma de cuña, unida con una cuerda a un mango curvo de madera de tejo, y había sido fundida con rebordes en sus cuatro lados. Este diseño era típico de la Edad del Bronce, hacia 2000 a. C.

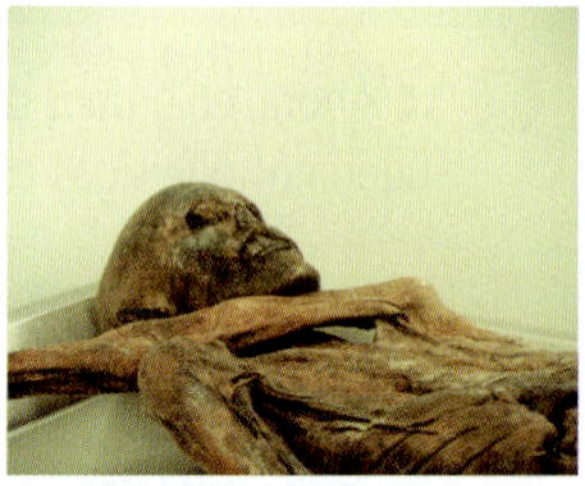

A partir de ese momento, el hombre de hielo saltó a la fama. La prensa le dio el popular apodo de Ötzi, en referencia a los Alpes de Ötztal que habían sido su tumba durante cinco milenios [...].

El misterio de Ötzi

[...] Si Ötzi, como parecía, había sido un pastor experimentado, ¿qué provocó su muerte en una zona que debía de conocer muy bien? Se hicieron radiografías e incisiones en el tórax del cadáver que revelaron cuatro costillas rotas en el lado derecho sin tiempo de curar, lo que indicaba que la herida tuvo lugar poco antes de su muerte; también tenía un corte en su mano derecha que había empezado a cicatrizar. Pero lo más curioso era el estado de descuido que presentaba su equipo de montañero, como si no hubiera tenido tiempo de prepararlo antes de emprender su viaje.

Un crimen milenario

En 2001, el radiólogo Paul Gostner descubrió algo que había pasado inadvertido: una punta de flecha alojada en el omoplato izquierdo, lo que sugería que le habían disparado por la espalda. Esto daba un nuevo giro a la investigación, pues todo apuntaba a un homicidio. Estudios posteriores realizados en 2010 corroboraron este hecho, ya que los neurólogos determinaron que existía una acumulación de sangre en la parte posterior del encéfalo de Ötzi, lo que hace pensar en un traumatismo, tal vez el golpe de gracia de su atacante.

www.nationalgeographic.com

ACTIVIDADES

1 ¿De qué trata el texto?

a. De un crimen en el que un pastor del Mesolítico es asesinado de un flechazo.

b. Del descubrimiento de un pastor de hace 5 000 años que probablemente fue asesinado.

c. De un alpinista de la Edad de Bronce que apareció misteriosamente en un alud.

d. De Ötzi, un hombre asesinado de un golpe en la cabeza mientras recolectaba comida.

2 ¿Por qué se piensa que podría haber sido un asesinato y no una muerte natural?

3 ¿Cuántos personajes reconocibles aparecen en esta historia? ¿Cuáles son?

4 La noticia es del año 2 000 a. C.

a. Verdadero.

b. Falso

5 ¿Por qué pone en el texto «El misterio de Ötzi»?

6 El tejo es:

a. Un animal del bosque que habita en los Alpes.

b. Un tipo de herramienta que usaban en la Edad de Bronce.

c. Un tipo de madera de árboles que aguantan el frío.

d. Un hacha de metal encontrado junto a Ötzi.

7 ¿Por qué los dos montañeros, Helmut y Erika, pudieron hallar el cadáver de Ötzi?

a. Porque el deshielo había dejado a la vista su cabeza y parte de los hombros.

b. Porque estaba en mitad de la cañada.

c. Porque iban buscando fósiles de dinosaurios y rebuscaban concienzudamente.

d. Porque alguien lo había dejado allí con intención.

8 ¿Qué crees que predomina más en el texto que acabas de leer: la información o la interpretación? ¿Por qué?

9 Escribe lo que piensas que pudo pasarle a Ötzi. ¿Crees que el ser humano es agresivo por naturaleza?

MÁS QUE PALABRAS

1 Elige la palabra correcta en cada secuencia:

a. Rocoso, cañada, ... (montañero, loma, mango).

b. Aguanieve, glacial, ... (hondonada, mancha, hielo).

c. Helmut, Erika, ... (Paul, Konrad, Reinhold).

d. 1991, 2001, ... (2010, cinco mil años, 2000 a. C).

2 Haz cuatro campos semánticos de al menos tres términos cada uno:

a. Médico: ...., ..., ...

b. Alpinismo: ...., ..., ...

c. Asesinato: ...., ..., ...

d. Prehistoria: ...., ..., ...

ESTRATEGIAS DE LECTURA

¡Acostúmbrate!

Si vas a leer un texto, deberás tener en cuenta una serie de cuestiones que te ayudarán a entenderlo mejor:

- Cuando leas por primera vez un texto, deja a un lado las prisas, lee con relajación.
- Si necesitas volver a leerlo para comprenderlo mejor, hazlo.
- Antes de leer, pregúntate ante qué tipo de texto te encuentras y qué puedes esperar de él (literario, científico…).
- El título puede anticiparte de qué va a tratar el texto.
- ¿Conoces algo sobre el autor? Saber datos sobre ellos te ayudará a entender el significado de sus escritos.
- No leas más rápido de la velocidad normal a la que eres capaz, empeora la capacidad de comprender lo que se lee.
- No dejes de consultar un diccionario si desconoces alguna palabra y no puedes deducir su significado por el contexto.

ESCRIBIR

El reportaje escrito

El reportaje es un género periodístico mixto, pues en él se combina lo **informativo** con lo **interpretativo.** Narra los acontecimientos de manera **objetiva,** pero también incluye datos más interpretativos, producto de las opiniones ofrecidas en las entrevistas y de las razones expuestas.

Trata **sucesos** reales de interés general, que **no siempre son actuales.** Se encuentra en los medios de comunicación escritos (revistas, periódicos...) y su temática es variada: historia, cultura, sociedad, ciencia, viajes, arte, política...

El reportaje es un trabajo documental extenso, caracterizado por su **exhaustividad.** En ocasiones, se parte de una noticia para profundizar en ella y ofrecer una visión completa de todas sus facetas a través de la **investigación** (se aportan datos, causas, reflexiones sobre los hechos, entrevistas a expertos, análisis de las consecuencias...). Podemos destacar también el uso de **fotografías** o **infografías:** imágenes elaboradas mediante ordenador (gráficos, diagramas...).

El reportaje presenta una mayor libertad de **estilo** que otros géneros periodísticos, como la noticia, y entre los objetivos de la narración de los hechos está la captación de la atención del lector. El lenguaje debe ser **preciso;** aunque, en ocasiones, se emplea un estilo **literario** para provocar este efecto apelativo.

Puedes observar en el reportaje que has leído su estructura y características:

Ötzi, el hombre de hielo rescatado en las cumbres alpinas

En 1991, una pareja de montañeros alemanes descubrió en los Alpes el cadáver de un pastor neolítico muerto hace más de cinco mil años

Por **Carme Mayans. Historiadora,** Historia NG n.º 133

Los montañeros iban rodeando con cautela las fisuras y salientes rocosos hasta que, tras una hora de esfuerzo, se encontraron con una loma junto a una estrecha hondonada. La cañada estaba inundada de hielo derretido procedente de los glaciares, y Helmut y Erika tuvieron que rodear el obstáculo. Fue entonces cuando observaron una mancha marrón que sobresalía del aguanieve. Helmut le comentó a Erika que parecía la cabeza de un muñeco, pero al acercarse a echar un vistazo se dieron cuenta de que se trataba de la cabeza y los hombros de un cadáver humano. Junto al cuerpo yacían los restos de una especie de maletín hecho de corteza de árbol y, un poco más lejos, la atadura de un esquí azul. La presencia de este último hizo que Helmut y Erika dedujeran que el cadáver era el de un montañero fallecido en un accidente algunos años atrás.

[...] Pero Reinhold Messner, un experimentado montañero austríaco que se encontraba allí, pensó que había cosas que no cuadraban, como el hacha rústica y el gran arco de madera de tejo [...]. «En cuanto lo vi me di cuenta de que se trataba de un importante descubrimiento arqueológico», diría más tarde.

Estas declaraciones despertaron el interés de Konrad Spindler, director del Instituto para la Prehistoria de Innsbruck, que acudió de inmediato al Instituto de Medicina Forense de la ciudad, adonde se habían llevado los restos una vez liberados del hielo [...]. El hacha era una hoja de metal en forma de cuña, unida con una cuerda a un mango curvo de madera de tejo, y había sido fundida con rebordes en sus cuatro lados. Este diseño era típico de la Edad del Bronce, hacia 2000 a. C.

A partir de ese momento, el hombre de hielo saltó a la fama. La prensa le dio el popular apodo de Ötzi, en referencia a los Alpes de Ötztal que habían sido su tumba durante cinco milenios [...].

El misterio de Ötzi

[...] Si Ötzi, como parecía, había sido un pastor experimentado, ¿qué provocó su muerte en una zona que debía de conocer muy bien? Se hicieron radiografías e incisiones en el tórax del cadáver que revelaron cuatro costillas rotas en el lado derecho sin tiempo de curar, lo que indicaba que la herida tuvo lugar poco antes de su muerte; también tenía un corte en su mano derecha que había empezado a cicatrizar. Pero lo más curioso era el estado de descuido que presentaba su equipo de montañero, como si no hubiera tenido tiempo de prepararlo antes de emprender su viaje.

Un crimen milenario

En 2001, el radiólogo Paul Gostner descubrió algo que había pasado inadvertido: una punta de flecha alojada en el omoplato izquierdo, lo que sugería que le habían disparado por la espalda. Esto daba un nuevo giro a la investigación, pues todo apuntaba a un homicidio. Estudios posteriores realizados en 2010 corroboraron este hecho, ya que los neurólogos determinaron que existía una acumulación de sangre en la parte posterior del encéfalo de Ötzi, lo que hace pensar en un traumatismo, tal vez el golpe de gracia de su atacante.

www.nationalgeographic.com

- **Titular:** pretende reclamar la atención del lector. Suele ir acompañado de un **antetítulo** o **subtítulo** que completa la información del titular.
- **Fuente:** autoría y publicación.
- **Cuerpo:** desarrolla la información en secciones temáticas conectadas entre sí y encabezadas por un título.

Declaraciones de personas importantes para el reportaje en estilo directo: revela el recurso de la entrevista empleado por el periodista en su investigación.

Reclamo del lector: se hace a través de preguntas.

Final: muestra una **estructura abierta** que invita a la reflexión, a través de la suposición de los hechos ocurridos.

Tu turno

1 Realiza un reportaje a partir de un suceso histórico o de interés general. Recuerda que un reportaje es más extenso que una noticia y que debes tener en cuenta todos los medios de investigación que estén a tu alcance para desarrollar con exhaustividad y atractivo la información recogida.

1.º Escoge un tema e investiga y busca información en la prensa, en libros especializados o en Internet. Si te resulta más sencillo, puedes partir de una de las noticias encontradas y transformarla en un reportaje.

2.º Acota y define el tema, eligiendo un área o perspectiva que no haya sido abordada hasta ahora, intentando así dar originalidad a tu exposición y captar la atención del lector.

3.º Recoge los testimonios de las personas implicadas. Puedes buscar entrevistas ya realizadas y aprovechar sus respuestas, o llevarlas a cabo tú mismo, si se trata de personas accesibles o de tu entorno:

- Selecciona las posibles personas entrevistadas en función de la información encontrada y también de la calidad de los datos que te puedan ofrecer.
- Prepara un guion previo de preguntas teniendo en cuenta la información que ya has recopilado y el tipo de datos que pretendas obtener.
- Realiza la entrevista y utiliza una grabadora o una libreta.
- Analiza la información y extrae aquellos datos significativos para tu perspectiva de estudio en el reportaje.

4.º Estructura tu reportaje según los objetivos perseguidos, con el fin de darle una dirección lógica y coherente a tu texto. Divide el cuerpo del mismo en diferentes secciones e idea un título para cada una de ellas.

5.º Redacta el reportaje con un estilo atractivo para el lector, que contenga un posible uso literario del lenguaje y que lo atrape hasta el final.

6.º Incluye las fotografías que consideres necesarias.

7.º Revisa el texto en función de los siguientes elementos: interés y enfoque del tema, estructura, función comunicativa, estilo y ortografía.

Estilo directo e indirecto

Cuando se incluyen en un reportaje las palabras de un texto o de un experto de forma literal, se usa el llamado **estilo directo,** que debe ir entrecomillado:

El especialista declaró: «Es una tarea muy complicada». Si se quiere incluir el comentario del narrador en la cita, se usa la raya larga: «Es una tarea —declaró el montañero— muy complicada».

También puede emplearse el **estilo indirecto,** que no usa comillas y modifica lo dicho para adecuarlo a la estructura que resulta:

El especialista afirmó que los restos se encontraban cubiertos por la nieve.

Se pueden combinar los estilos e incluir citas literales en el estilo indirecto:

[...] que sentían «impotencia y congoja por este desastre».

AUTOEVALUACIÓN

Con el fin de evaluar el resultado de tu trabajo, comprueba que estas afirmaciones son ciertas:

- La perspectiva escogida responde al interés temático que debe tener todo reportaje.
- Las diferentes secciones reflejan los contenidos tratados.
- El estilo empleado consigue captar la atención del lector.
- Las imágenes incluidas completan adecuadamente la información ofrecida en el reportaje.

01 El predicado

El predicado es la función básica de la oración, que realiza un **sintagma verbal.** Dicho sintagma se compone siempre de un **núcleo** (verbo), que en ocasiones exige la presencia de una serie de **complementos.**

Predicado = Núcleo + [Complementos]

A cada uno de los elementos exigidos por el verbo para poder realizar la predicación y, por tanto, formar una oración se les llama **argumentos** verbales. Además del sujeto, son argumentos verbales aquellos que el sentido del verbo precisa para ser completo:

*Se arrepiente **de su decisión.*** *Dio **un libro a su hermano.***

Los complementos que no son exigidos por el verbo, sino que aparecen opcionalmente para añadir alguna información complementaria, se llaman **adjuntos:**

*Se arrepiente de su decisión **amargamente.*** *Dio un libro a su hermano **ayer.***

La valencia del verbo recuerda a la del átomo: los complementos giran en torno al verbo como núcleo del predicado.

01.1 El núcleo del SV

Dependiendo de su naturaleza léxica, es decir, de su significado, los verbos exigen un número de argumentos para tener un sentido completo y crear una oración. Salvo en el caso de algunos de los llamados verbos impersonales, como *llover,* todos los verbos requieren al menos un argumento que realice la función de sujeto, esté o no omitido. Pero además pueden ser necesarios más, y cada uno de ellos estará manifestado por un tipo de sintagma, según cada caso. El número de argumentos que un verbo exige para formar una predicación es la **valencia de un predicado.** Según esta circunstancia, contamos con distintos tipos de verbos:

TIPOS	EJEMPLOS
Verbos que no necesitan ningún argumento para realizar una predicación.	*Llueve.*
Verbos que necesitan un argumento para realizar una predicación, que desempeña la función de sujeto en todos los casos, salvo en los casos de *haber,* cuyo único argumento realiza la función de CD.	***Juan** estornudó.* *Había **un chico.***
Verbos que necesitan dos argumentos para realizar una predicación.	***María** compró **un libro.*** ***Ella** se acordó **del examen.***
Verbos que necesitan tres argumentos para realizar una predicación.	***Luis me** dio **la noticia.***

estudiar.

(De *estudio*).

1. tr. Ejercitar el entendimiento para alcanzar o comprender algo.

2. Cursar en las universidades o en otros centros docentes. U. t. c. intr.

Diccionario de la lengua española, 23.ª edición. RAE.

Hay verbos que tienen dos sentidos diferentes según se necesiten uno o dos argumentos, dependiendo de si su uso es transitivo o intransitivo:

Ella estudia [= es estudiante] en Madrid.
Estudiaremos las opciones para elegir la mejor.

01.2 Los complementos del verbo

Atributo (Atrib)

Esta función sintáctica la puede desempeñar un SN, SAdj, SAdv o un SPrep. El atributo siempre acompaña a verbos copulativos (*ser, estar o parecer*), que, como su nombre indica, son meras cópulas o enlaces entre el sujeto y el atributo que cargan con el significado de la predicación. Por tanto, estos verbos no pueden ir solos, sino que requieren de estos elementos para tener sentido.

Juan	*es*	*tímido.*
N (Sust)	N (V)	SAdj-Atrib
SN-Suj	SV-PN	

Se puede sustituir por el pronombre personal átono *lo: Juan lo es.*

Complemento directo (CD)

Es un complemento **argumental** exigido por los llamados verbos transitivos. Puede desempeñar esta función un SN o un SPrep con *a*. Se caracteriza por:

- No llevar preposición o bien llevar *a,* si es de un complemento de persona y definido.

Busco	*un*	*libro.*
	Det	N (Sust)
N (V)	SN-CD	
SV-PV		

Busco	*a*	*mi*	*prima.*
		Det	N (Sust)
	Enl	SN-T	
N (V)	SPrep-CD		
SV-PV			

- Sustituirse por los pronombres personales átonos *lo/los, la/las* (*Lo busca*). También desempeñan esta función los pronombres personales átonos *me, te, nos, os* y *se.*

Complemento indirecto (CI)

Pueden ser de tipo **argumental,** pero solo cuando la oración carece de sentido sin ellos (**Dio un libro / Dio un libro al profesor*). En otros casos, se consideran **adjuntos,** porque su aparición es opcional *(Compró un regalo. / Compró un regalo a su padre).* Desempeña esta función un SN (pronombre personal átono) o un SPrep. El complemento indirecto se caracteriza por:

- Llevar preposición *a,* delante del sintagma nominal.
- Poder sustituirse por los pronombres personales átonos *le/les.* El pronombre y el CI con preposición pueden aparecer juntos en el mismo predicado, y los dos representan al mismo CI. También desempeñan esta función los pronombres personales átonos *me, te, nos, os* y *se.*

Le	*regalé*	*un*	*libro*	*a*	*su*	*hermano.*
					Det	N (Sust)
		Det	N (Sust)	Enl	SN-T	
SN-CI	N (V)	SN-CD		SPrep-CI		
SV-PV						

Leísmo, laísmo y loísmo

Para usar correctamente los pronombres átonos de 3.ª persona *le/les, lo/los, la/las,* es necesario tener en cuenta la función sintáctica del pronombre y el género y el número de la palabra a la que se refiere. *Le/les* sirve para CI de ambos géneros, mientras que *lo/los* y *la/las* para CD masculino y femenino, respectivamente. A los usos incorrectos de estos pronombres se les denomina:

Leísmo

Uso de *le/les* con la función de CD de persona y cosa, en lugar de *lo, los, la, las.*

Tomás vio a sus amigos.
→ **Tomás les vio. Tomás los vio.*

Tomás cogió su maletín.
→ **Tomás le cogió. Tomás lo cogió.*

Laísmo

Uso de *la/las* con la función de CI femenino, en lugar de *le/les.*

**Antonio la dio un regalo.*
→ *Antonio le dio un regalo.*

Loísmo

Uso de *lo* y *los* con la función de CI masculino, en lugar de *le/les.*

**Antonio los compró golosinas.*
→ *Antonio les compró golosinas.*

Ante un pronombre personal *lo/los, la/las,* la forma *le* se convierte en *se:*

Se lo dije a él.

Se las regalé a ellos.

CD y CI con pronombres reflexivos y recíprocos

Como ya hemos indicado al hablar de estas funciones de CD y CI pueden ser desempeñadas por distintos pronombres átonos. Sin embargo, cuando la persona que recibe una acción es la misma que la realiza, estamos ante una acción reflexiva.

La reflexividad se manifiesta a través de los pronombres reflexivos. En el caso de la primera y la segunda persona, son iguales los **pronombres reflexivos** y los pronombres personales átonos no reflexivos:

	ACCIÓN NO REFLEXIVA	ACCIÓN REFLEXIVA
CD	*Juan* ***me*** *peina.*	*Yo* ***me*** *peino.*
CI	*Juan* ***me*** *hizo una coleta.*	*Yo* ***me*** *hice una coleta.*
CD	*Juan* ***te*** *peina.*	*Tú* ***te*** *peinas.*
CI	*Juan* ***te*** *hizo una coleta.*	*Tú* ***te*** *hiciste una coleta.*
CD	*Juan* ***lo/la*** *peina.*	*Juan/Ana* ***se*** *peina.*
CI	*Juan* ***le*** *hizo una coleta.*	*Juan/Ana* ***se*** *hizo una coleta.*

Tú *te* *peinas.*
SN-CD N (V)
SN-Suj SV-Pred

Tú *te* *hiciste* *una* *coleta.*
Det N (Sust)
SN-CI N (V) SN-CD
SN-Suj SV-Pred

Detrás de preposición, se usan los pronombres tónicos *mí, ti, sí.* Se puede reforzar la reflexividad con *mismo/a:*

Ella se cura a sí misma la herida.

Las oraciones como *Ellos se peinan/Nosotros nos peinamos* tienen dos posibles interpretaciones: pueden expresar **acciones reflexivas** en las que los sujetos, que son plurales, realizan acciones sobre sí mismos; pero también pueden tener una segunda interpretación, en la que cada individuo peina al otro, o cada uno compra un libro al otro. Cuando esto ocurre se dice que los pronombres tienen un sentido **recíproco.**

En estos casos, la forma verbal que funciona como núcleo del predicado siempre está en plural. La forma de estos pronombres no difiere de la de los pronombres reflexivos, pero su sentido es distinto. Aunque normalmente es el contexto el que impide que las dos interpretaciones sean adecuadas y, por tanto, no es difícil saber cuál es en cada caso la correcta. Para deshacer la ambigüedad, en el caso de que la haya, se puede incluir «mutuamente» o «el uno al otro» para dejar claro que este es su sentido:

Ellos se peinan (mutuamente/uno al otro).

En el caso de los pronombres recíprocos, del mismo modo que en el de los pronombres reflexivos, sujeto y objeto coinciden, pero la forma en que la acción recae sobre ellos es distinta.

PRONOMBRES REFLEXIVOS	
TÓNICOS	ÁTONOS
mí, conmigo	me
ti, contigo	te
sí, usted, consigo	se
sí, él/ella, usted, consigo	se
nosotros/-as	nos
vosotros/-as	os
sí, ustedes, consigo	se
sí, ellos/-as, consigo	se

El complemento de régimen o suplemento (CRég)

Este complemento es **argumental**, pues es tan necesario para la predicación como el CD, del que se diferencia en que esta función siempre la realiza un SPrep. Cada verbo exige una preposición determinada (*olvidarse de, confiar en...*). Compara cómo en estas dos oraciones el complemento lleva o no preposición y cómo el verbo cambia de forma, aunque el significado global sea el mismo:

El chico recordó aquel instante. (aquel instante: SN-CD) *El chico se acordó de aquel instante.* (de aquel instante: SPrep-CRég)

El chico se acordó de aquel instante.

Det | N (Sust) (de aquel instante: Enl | SN-T [Det | N (Sust)])

Det | N (Sust) | N (V) | SPrep-CRég

SN-Suj | SV-Pred

Se puede sustituir por la preposición acompañada del pronombre personal, demostrativo o indefinido que corresponda: *No confío en tus amigos → No confío en ellos. El chico se acordó de aquel instante → El chico se acordó de eso.*

El complemento predicativo (CPred)

Es un complemento **adjunto** que acompaña a verbos que tienen sentido completo sin ellos. Puede ser un complemento predicativo de **sujeto** o de **complemento directo.** Pueden desempeñar esta función un SPrep, un SN o un SAdj (estos dos últimos sintagmas concuerdan con el sujeto o con el CD).

Vimos a Juan tranquilo.

Enl | SN-T | N (Adj)

N (V) | SPrep-CD | SAdj-CPred de CD

SN-PV

Laura llegó agotada.

N (Adj)

N (Sust) | N (V) | SN-CPred de Suj

SN-Suj | SV-PV

Complementos circunstanciales (CC)

Las circunstancias de tiempo, lugar, modo... en que se produce una predicación son variadas, y la información que se aporta sobre ellas no es exigida por el verbo, por eso son complementos **adjuntos.** Pueden desempeñar esta función un SAdv, SN, SPrep o SAdv.

Los muchachos llegaron a casa ayer.

N (Sust)

Det | N (Sust) | N (V) | Enl | SN-T | N (Adv)

SN-Sujeto | SV-PV | SPrep-CC | SAdv-CC

Complemento agente (CAg)

El complemento agente es opcional en las construcciones que llevan el verbo en pasiva y se usa para indicar cuál es el agente de la acción. Precisamente el uso de la pasiva sirve para convertir al sujeto de la oración activa, que es un argumento, en complemento adjunto, haciéndolo así prescindible. Esta función siempre la realiza un SPrep introducido por la preposición *por.*

La trampa fue descubierta por un detective.

Det | N

Enl | SN-T

Det | N (Sust) | N (V) | SPrep-CAg

SN-Suj | SV-Pred

ACTIVIDADES

1 ¿Cuántos argumentos completan a los verbos subrayados? Señálalos e identifica de qué tipo son:

a. Mi amiga siempre se acuerda de mi cumpleaños.

b. Sus hermanos estudian la carrera en Madrid.

c. Estos chicos han llegado cansados del viaje.

2 ¿Sustituye los sintagmas subrayados por pronombres personales y di la función que realiza cada uno:

> Si uno sabe dónde mirar, podrá ubicar Sutherland en un mapa topográfico: un dedo de tierra que se adentra en el seno Última Esperanza, en el sur de la Patagonia chilena. Pero allí no hay carreteras, ni poblaciones. Un poco más al norte está el Parque Nacional Torres del Paine —al que tampoco se accede por vías habituales— y, más allá, los campos de hielo agrestes e impracticables que aíslan la Patagonia chilena del resto del país. Al oeste, una miríada de islas diminutas transforma el Pacífico Sur en un rompecabezas.
>
> www.nationalgeographic.com

Torres del Paine.

3 Analiza los predicados de las siguientes oraciones.

a. El análisis que has hecho no es correcto.

b. ¿Juegas al fútbol por afición o en la liga profesional?

c. No se acuerdan de nosotros nunca para las fiestas.

4 Localiza en estas oraciones los pronombres con valor reflexivo e indica cuál es el sujeto al que se refiere cada uno de ellos y qué función realizan.

a. Mi hermana no le ha comprado el coche a su hijo, sino que se lo ha comprado para ella.

b. En aquellos tiempos, los faraones construyeron grandes pirámides y se enterraron en ellas.

c. No nos encontramos a nosotros mismos hasta que nos buscamos dentro de nosotros.

5 Estas oraciones resultan ambiguas: pueden interpretarse como reflexivas con sujeto en plural o como recíprocas. ¿En qué contextos dejarían de resultar ambiguas? Completa cada una de ellas de modo que una tenga un claro sentido reflexivo y otra tenga un claro sentido recíproco.

a. Ellas se hicieron una fotografía en la Plaza Mayor.

b. El emperador y la emperatriz se odiaron durante toda su vida.

c. María y yo nos enviamos una postal cada verano.

d. Tu hermano y tú os regaláis siempre una visita a un parque de atracciones al terminar el curso.

6 A partir del siguiente reportaje, redacta cinco oraciones donde el sujeto sea «los primitivos habitantes de América» y se usen pronombres recíprocos. Como verbos puedes utilizar *atacar, golpear, provocar, herir, fracturar:*

> Según parece, los primitivos habitantes de América eran unos sujetos más bien rudos. Si se observan los restos óseos de los paleoamericanos, se puede comprobar que más de la mitad de los hombres presentan heridas causadas por actos de violencia, y cuatro de cada diez tienen fracturas de cráneo. Estas lesiones no parecen ser fruto de accidentes de caza, y tampoco contienen signos reveladores de una actividad bélica, como serían los golpes sufridos al huir de un atacante. En lugar de eso, da la impresión de que aquellos individuos luchaban entre sí… con frecuencia y brutalidad.
>
> www.nationalgeographic.com

Glifos mayas.

7 Indica si los sintagmas subrayados son argumentos o adjuntos. Di qué tipo de sintagma son y qué función realizan. Con toda esa información, analiza sintácticamente los predicados de estas oraciones.

a. Sus amigos parecían <u>cansados del viaje</u>.

b. Sus amigos llegaron <u>cansados de tanto baile</u>.

c. ¿Estarás <u>listo</u> <u>tras cinco minutos</u>?

d. ¿Oíste <u>claramente</u> <u>el chirrido del ascensor</u>?

8 Completa los siguientes verbos con adjuntos de distintos tipos; en cada caso debes usar, siempre que puedas tres de los siguientes tipos de sintagmas: adverbial, nominal, preposicional y adjetival.

a. Sus amigos subieron…

b. Los allegados se acercaron…

c. El alumno suspendió…

d. Los abogados se quejaron…

9 Señala en las siguientes oraciones los sintagmas adjetivos que funcionan como predicativos y los sintagmas adverbiales que funcionan como complementos circunstanciales de modo.

a. Llegaron rapidísimos con el coche nuevo.

b. Mis amigas vinieron rápidas a mi encuentro.

c. Mis amigas vinieron rápidamente a mi encuentro.

d. Mis amigas vinieron rápido a mi encuentro.

e. Ellas no se mostraron honradas en ese asunto.

f. Ellas no se portaron honradamente en ese asunto.

10 Algunos de los sintagmas preposicionales de las siguientes oraciones tienen la función de complementos agentes. Di cuáles son y por qué.

a. Se acercó a nosotros por la calle.

b. La víctima fue asesinada por el sospechoso.

c. Lo vi llegar por casualidad.

d. Mi amigo fue atropellado por un descuido.

02 Clases de predicados

Existen dos tipos de predicados en función de cuál sea el núcleo del SV.

02.1 Predicado nominal (PN)

Este tipo de predicado se forma con un **verbo copulativo** (*ser, estar* o *parecer*) y, por tanto, el peso del contenido recae sobre el **atributo,** que habitualmente es de tipo nominal (sustantivo o adjetivo). El atributo es un complemento necesario que siempre está presente, pero pueden acompañarlo también complementos circunstanciales.

Predicado nominal = Verbo copulativo + Atributo

02.2 Predicado verbal (PV)

Este tipo de predicado se forma en torno a un **verbo predicativo,** que aporta el núcleo del contenido y organiza en torno a sí los complementos argumentales y adjuntos, según sea su significado.

Predicado verbal = Verbo predicativo + Complementos

Estos predicados se dividen, a su vez, en predicados transitivos e intransitivos. Se llama **predicados transitivos** a aquellos que exigen un complemento directo para completar su significado.

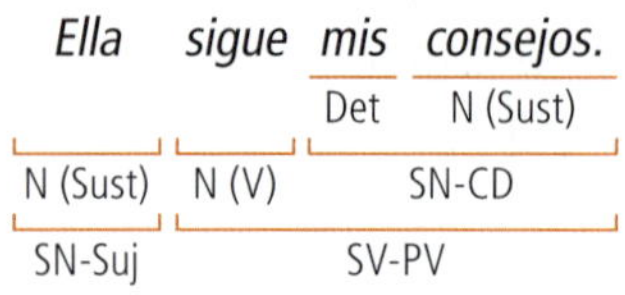

En los **predicados intransitivos,** no hay necesidad de un complemento directo para completar el sentido del verbo, aunque pueden aparecer, como en todos los predicados, adjuntos de diverso tipo.

El núcleo del predicado verbal (sea un verbo transitivo o intransitivo) puede ser un verbo pronominal o no pronominal. Son **verbos pronominales** aquellos que incluyen un pronombre en su forma sin que este tenga función. Muchos de los verbos que exigen complemento de régimen verbal son pronominales.

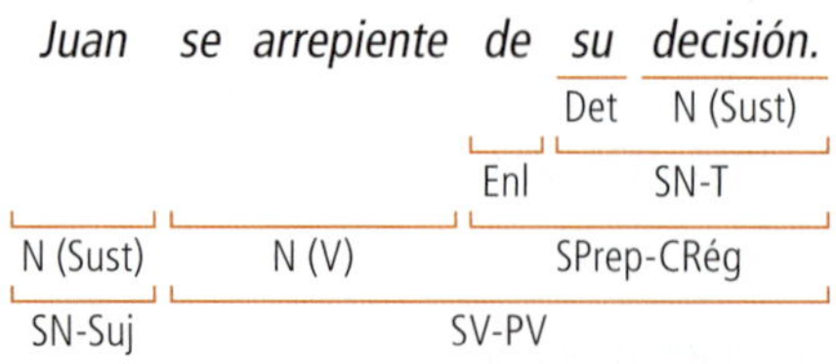

Se o *te* no cumplen función de CD o de CI, como corresponde a estas formas. Es decir, no son argumentos o adjuntos del verbo *arrepentir.* En este caso, además, **arrepentir* no existe. Esto quiere decir que solo es posible conjugar el verbo incluyendo en cada persona el pronombre correspondiente. Además, no se admite el refuerzo *mismo (*Yo me arrepiento a mí misma / *Ellos se arrepienten a sí mismos).*

En el diccionario aparece la información ***prnl*** para indicar que un verbo es pronominal:

arrepentirse.

(Del lat. *suscitāre* «levantar»).

1. prnl. Dicho de una persona: Sentir pesar por haber hecho o haber dejado de hacer algo.

2. prnl. Cambiar de opinión o no ser consecuente con un compromiso.

Diccionario de la lengua española, 23.ª edición. RAE.

Singular		Plural	
1.ª persona	*Yo me arrepiento.*	1.ª persona	*Nosotros/as nos arrepentimos.*
2.ª persona	*Tú te arrepientes.*	2.ª persona	*Vosotros/as os arrepentís.*
3ª persona	*Él/Ella se arrepiente.*	3.ª persona	*Ellos/as se arrepienten.*

En ocasiones, sí hay alternancia entre el verbo con pronombre y el verbo sin pronombre. El diccionario indica **U.t.c. prnl.** (Utilícese también como pronominal).

En estos casos, puede haber diferentes construcciones entre un verbo y otro:

FORMA NO PRONOMINAL	FORMA PRONOMINAL
Yo asusté a Juan / Yo lo asusté.	*Yo me asusté de su actitud.*
Tú asustaste a Juan / Tú lo asustaste.	*Tú te asustaste de su actitud.*
Ella asustó a Juan / Ella lo asustó.	*Ella se asustó de su actitud.*

asustar.
(Del lat. *suscitāre* «levantar»).
1. tr. Dar o causar susto. U. t. c. prnl.
2. tr. Producir desagrado o escándalo. U. t. c. prnl.

Diccionario de la lengua española, 23.ª edición. RAE.

Los **predicados transitivos con verbos pronominales** se construyen con CD. En estos casos, para reconocer las construcciones pronominales hay que comprobar que no admiten el refuerzo *a sí mismo: Luisa se comió algunas palabras cuando leyó el comunicado* → No «a sí misma»; por tanto, comerse se usa como pronominal. *Luisa se come las uñas (a sí misma)* → *Se:* CI; *a sí misma:* CI.

El cambio de significado es muy sutil, aunque muchas veces sirve para marcar la diferencia entre un proceso involuntario, algo que le ocurre al sujeto, y que se expresa como pronominal, y un proceso voluntario del que el sujeto es agente, incluyendo el pronombre reflexivo cuando el objeto es el mismo sujeto.

Hay también **predicados intransitivos con verbos pronominales:**

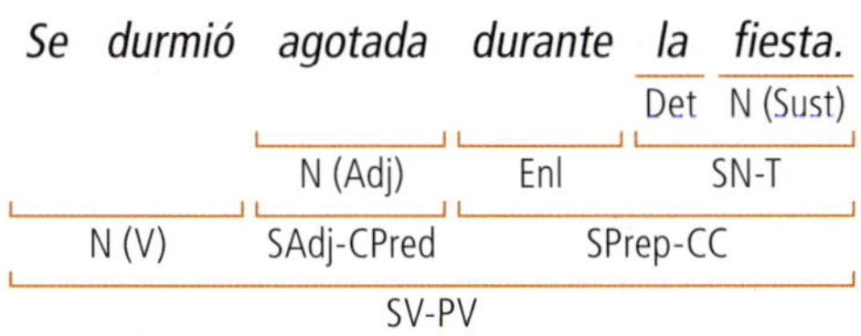

Una vez más, para distinguir si se tiene función como pronombre personal reflexivo o forma parte del verbo pronominal, se comprueba si es posible el refuerzo *a sí mismo*. En caso negativo, eso nos indicará que no tiene esa función.

En resumen, hay estos verbos predicativos y tipos de predicados según los siguientes verbos:

	PREDICADOS TRANSITIVOS	PREDICADOS INTRANSITIVOS
Con verbos no pronominales	*Compró un libro.*	*Ella durmió toda la noche.*
Con verbos pronominales	*Se comió todo el pastel.*	*Se arrepintió de su decisión.*
		Estos chicos se han marchado pronto.

ACTIVIDADES

11 Rodea el verbo de los siguientes predicados y explica si son transitivos o intransitivos:

> Estos cambios sociales vinieron acompañados de violencia en la costa, pero en Tenahaha apenas se observan signos de violencia. La gente buscó otros medios, más allá de la violencia, para capear los cambios sociales [...]. Las tumbas fueron reabiertas en varias ocasiones y, tras apartar los restos antiguos para hacer sitio, se depositaron nuevos individuos y ofrendas.
>
> www.nationalgeographic.com

12 En los verbos subrayados, localiza los argumentos y di si se trata de complementos directos o de complementos de régimen verbal.

> A partir de los siete años, los hijos varones seguían su formación a la estela de su padre, el *pater familias*. Este se encargaba de enseñarle sus quehaceres diarios: «El hijo de campesino aprendía el oficio de campesino —con excepciones—, y el hijo de senador aprendía a moverse por el foro, aprendía las leyes y las reglas políticas» (Romapedia). Así, los hijos de los patricios seguían los pasos de sus progenitores en el senado y otras instituciones de la vida civil; ocurría lo mismo en el ámbito social: los jóvenes asistían a las celebraciones y banquetes de los mayores, actuando a veces de escuderos o servidores.
>
> www.romanorumvita.com

13 Analiza los predicados de las siguientes oraciones e indica de qué tipo son, así como las clases de sintagmas y la función de los complementos del verbo.

a. Encontraron a fieles seguidores de aquella religión.

b. Marcaron la época dorada de Grecia.

c. Se dedicaron a la ganadería.

14 Localiza cuatro verbos pronominales en este texto y conjuga el tiempo completo.

> Yo no era lector. Yo era un niño que pasaba muchas horas en la calle y que en invierno, para combatir el frío, se metía a ratos en una biblioteca pública de su barrio en la que había calefacción, pero donde era obligatorio permanecer callado y quieto: tal era el precio del calor. Un día, por puro aburrimiento, ese niño se levantó de la mesa, se acercó a una de las estanterías y extrajo de ella un par de libros que devolvió a su lugar después de examinar sus portadas. Su dedo índice continuó recorriendo los lomos de los volúmenes, como la aguja de la ruleta recorre las casetas de los números, hasta que se detuvo en *Cinco semanas en globo*. La ilustración de cubierta mostraba un globo con la canasta medio desprendida y a cuyos restos se aferraban desesperadamente dos o tres personas. El niño regresó perezosamente con el libro a la mesa, lo abrió, leyó sus primeras líneas y se precipitó en el interior del relato como el que tropieza y cae por las escaleras que conducen al sótano.
>
> www.elpais.com

15 Di si las palabras subrayadas son determinantes o pronombres y, si se trata de estos últimos, si tienen alguna función (en ese caso, di cuál) o bien si forman parte de un verbo pronominal.

> Un equipo de investigadores de las universidades de Macquarie y Sydney (Australia) ha logrado desentrañar los secretos de un antiguo códice egipcio que data de unos 1 300 años. Los expertos, tras un análisis que ha durado décadas, han averiguado que se trata de un manual de hechizos bautizado como *Manual egipcio de Poder Ritual.*
>
> El ejemplar fue descubierto a finales de los años 70 o principios de los 80 por un comerciante de antigüedades que lo vendió posteriormente a la Universidad de Macquarie. Muchos han sido los intentos de traducir el texto, pero todos habían sido infructuosos hasta ahora.
>
> El códice original se encuentra expuesto en el Museo de Culturas Antiguas de la Universidad de Macquarie y, según los investigadores, es probable que el autor o autores del mismo fuesen monjes o sacerdotes y que utilizaran el texto como manual de ayuda a sus feligreses, aunque su identidad es todo un misterio.
>
> www.muyhistoria.com

16 Clasifica los predicados subrayados indicando si son transitivos o intransitivos, con o sin verbo pronominal:

> Durante su intervención, el experto en liderazgo Richard Gerver señaló que «el gran desafío de la educación es que ha de centrarse en la calidad del itinerario y dejar de obsesionarse con los resultados» y añadió que políticos y legisladores deberían dejar de presionar a quienes conforman el sistema educativo para que consigan estos resultados. [...] En su opinión, «los mejores profesores del mundo son los que piensan que no lo están haciendo demasiado bien», los que no están del todo satisfechos con su trabajo. Para Gerver, el papel de los maestros es preparar a los alumnos para el futuro, para que descubran su talento y hacerlo con entusiasmo. «Si seguimos educando a nuestros hijos como nos educaron a nosotros nunca van a encontrar la solución a los problemas globales, porque el mundo ha cambiado muchísimo y ahora nuestros hijos aprenden mucho más por sí mismos, en las redes sociales, con otros compañeros, antes que en el aula», concluyó.
>
> http://comunidad-escolar.pntic.mec.es

17 Explica las diferencias de construcción o de sentido que existen entre las siguientes parejas de verbos, y escribe una oración con cada uno de ellos que demuestre dichas diferencias:

- **a.** Acordar / acordarse.
- **b.** Entender / entenderse.
- **c.** Jugar / jugarse.
- **d.** Sentir / sentirse.

18 Busca en el diccionario de la RAE cinco verbos que admitan su uso como pronominales y no pronominales, y escribe una oración con cada uno de ellos en la que se observe claramente cuál es el uso del que se trata.

EVALUACIÓN

Vivir de alquiler en Roma: caro y sin comodidades

El aumento de población en Roma hizo que se construyeran bloques de pisos que se alquilaban a precios abusivos

Por **Pedro Á. Fernández Vega. Doctor en Historia Antigua,** Historia NG n.º 129

Cuenta Tito Livio que, entre los muchos prodigios que anunciaron en Roma la llegada de Aníbal atravesando los Alpes en aquel fatídico 218 a. C., ocurrió que en el Foro Boario, sede del mercado de ganado, «un buey había subido por sí solo a una tercera planta y, espantado por el alboroto de los vecinos, se había arrojado al vacío desde allí». Se trata de la alusión más antigua a la existencia de bloques de pisos en Roma. La zona, no lejos del Aventino, formaba parte del sector popular de la ciudad.

Otro testimonio data de 186 a. C., cuando el cónsul Postumio forzó la declaración de una testigo para desencadenar la persecución contra las Bacanales. Postumio pidió a su suegra Sulpicia, matrona viuda de rango senatorial, que ocultase a la joven en su vivienda: «Se le asignó una estancia en la parte alta de la casa, cerrando el acceso por la escalera que conducía a la calle y abriendo una entrada hacia el interior de la mansión». La morada también estaba en el Aventino.

El negocio del alquiler

Entre finales del siglo III y comienzos del II a. C., las *insulae* o ínsulas (bloques de pisos) eran habituales en Roma. Sus dueños eran aristócratas que no desdeñaban los alquileres como fuente de ingresos, como en el caso de Sulpicia. La ley Claudia, del mismo año 218 a. C. en que ocurrió el episodio del buey, excluía el lucro como origen de las rentas senatoriales, pero el negocio de los alquileres inmobiliarios era demasiado tentador como para despreciarlo. Además, se podía contar con intermediarios para las operaciones.

El crecimiento de población en Roma fue muy intenso. Durante la segunda guerra púnica, masas de emigrantes abandonaron un campo asolado por los ejércitos. Tras la guerra, las oportunidades de trabajo y promoción social atrajeron población incesantemente a Roma. Se calcula que hacia 130 a. C., la ciudad tenía medio millón de habitantes, y que la cifra habría vuelto a duplicarse, tal vez hasta el millón, en época de Augusto, en torno al cambio de era.

www.nationalgeographic.com

1 Contesta las siguientes preguntas sobre este reportaje:

a. ¿Qué zona de Roma tenía más bloques de pisos?

b. ¿Cómo se llamaban en latín esos bloques de pisos?

c. ¿Quiénes se beneficiaban de los alquileres y qué problemas legales existían para ello?

d. ¿Qué significa *rango*? ¿Y *lucro*?

e. ¿Cuándo creció Roma más en población y por qué causas?

2 En este reportaje se utilizan testimonios de la época sobre la que trata. ¿Cuáles son?

3 Imagina que estuvieras preparando este reportaje para la televisión. ¿A qué expertos entrevistarías? ¿Qué temas les pedirías que introdujeran?

4 Un reportaje debe incluir material visual. ¿Qué crees que habría que incluir en este reportaje para su publicación impresa o en una web?

5 Analiza sintácticamente las siguientes oraciones:

a. Un buey había subido por sí solo a una tercera planta.

b. El crecimiento de población en Roma fue muy intenso.

6 ¿Qué tipo de sintagma es exigido por el verbo *datar*? ¿Y por el verbo *contar*? Di qué función realizan esos sintagmas y explica la diferencia entre *datar* / *datar de* y *contar* / *contar con*.

7 En «le asignó una estancia», ¿cuál es el CD y cuál es el CI? ¿Se trata de un caso de leísmo? ¿Por qué?

8 Al contar el episodio del buey, se emplean dos pronombres reflexivos: uno tónico y otro átono. Indica cuáles son y cuál es su función.

9 El diccionario de la RAE indica que *duplicar* se puede usar como transitivo, con CD, y también como pronominal. En «habría vuelto a duplicarse», ¿se trata de un *se* CD reflexivo o pronominal? Justifica tu respuesta.

EVALUACIÓN

1 Completa el el siguiente mapa conceptual.

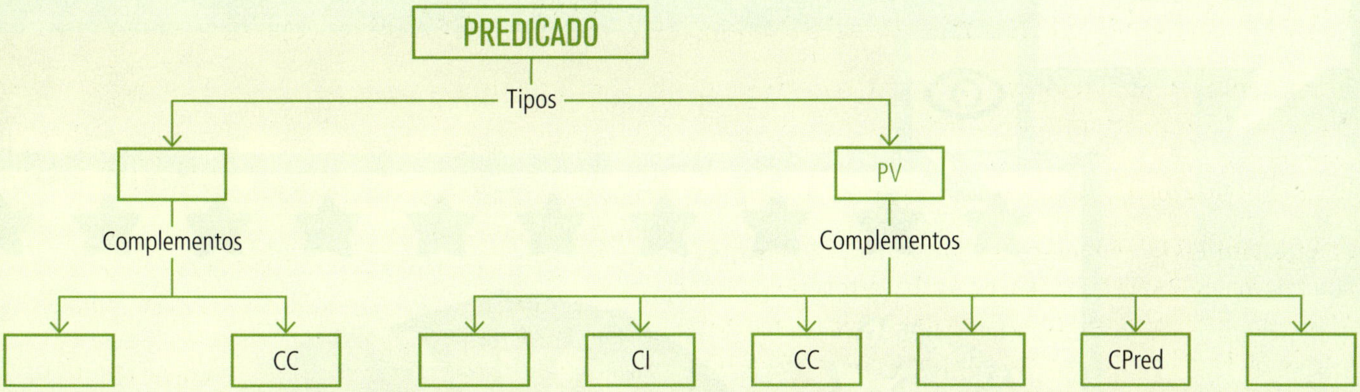

2 Indica qué afirmaciones son verdaderas y cuáles son falsas acerca del reportaje y explica el porqué de tu respuesta.

a. El reportaje es más extenso que la noticia.

b. El reportaje y la noticia son géneros informativos.

c. El reportaje no es narrativo.

d. El reportaje es menos objetivo que la noticia.

e. El reportaje y la noticia pueden referirse a un tema no actual.

f. El reportaje incluye obligatoriamente material visual.

g. El reportaje puede incluir entrevistas.

3 Un reportaje cambia según el medio en que se difunda, aunque el tema que trate sea el mismo. Piensa, por ejemplo, en un reportaje sobre el entrenamiento de perros de rescate. ¿En qué se diferenciaría según apareciera en prensa, radio, Internet o TV?

4 Localiza en este texto los complementos de los verbos subrayados e indica si son argumentos y adjuntos y su función:

> Todos ellos solían sentarse únicamente a un lado del tablero, en bancos cubiertos con cojines o tapetes, y la comida se servía de frente.
>
> [...] La cubertería de la mesa medieval se limitaba a las cucharas y los cuchillos, puesto que el tenedor se generalizó únicamente a partir del Renacimiento. Aparte del potaje, para el que se usaba la cuchara, los comensales comían con las manos, aunque con arreglo a ciertas normas de decoro; en Castilla, por ejemplo, el código legal de las Partidas establecía que los trozos de carne debían cogerse con dos o tres dedos.
>
> www.nationalgeographic.com

5 Escribe una oración que incluya la siguiente información en cada una de ellas:

a. Pronombre átono reflexivo de 2.ª persona del plural con función CD.

b. Pronombre tónico de 1.ª persona singular no reflexivo con función de CRég.

c. Pronombre átono recíproco de 3.ª persona con función de CI.

d. Pronombre reflexivo átono de 1.ª persona del singular con función de CD.

e. Pronombre reflexivo tónico de 3.ª persona del plural con función de CD.

6 Explica con tus palabras las diferentes interpretaciones de estas dos oraciones:

a. Se tiraban de los pelos.

b. Se encontraron tras una larga búsqueda.

7 Analiza los predicados de las siguientes oraciones y di de qué tipo son:

a. Vinieron con sus caballos al atardecer.

b. Se comieron toda la tarta del cumpleaños tras la fiesta.

c. Se sorprende de las palabras de su compañero.

d. ¿Cantarás mañana esa canción tan bonita?

DIARIO DE APRENDIZAJE

¿En qué ocasiones podría resultarte útil algo de lo aprendido en esta unidad?

05 La persuasión es lo primero

¿Cuánto interés te produce el tema de esta unidad?

1 En la publicidad nos convencen para comprar distintos productos. Comenta de qué manera lo hacen en el anuncio que te mostramos. ¿A qué incitan?

2 ¿Cómo convences a alguien para acompañarte al cine? Explícalo.

3 La persuasión es una forma de hacer ver a la gente ideas en las que al principio no creían o no les gustaban. Indica en qué tipos de situaciones está presente la persuasión.

VÍDEO 5.1
En tu libro digital

Accede al vídeo de la campaña de reciclaje «Dos segundos» y contesta a las preguntas:

1 El anuncio tiene diferentes planos e imágenes, ¿podrías describir algunos de ellos?

2 Al final del vídeo hay un eslogan, ¿cuál es?

3 ¿Qué mensaje se quiere transmitir con el eslogan?

La publicidad

En la radio, la televisión, la prensa, la calle, recibimos continuamente mensajes publicitarios. Muchos nos incitan al consumo; otros, en cambio, nos invitan a adoptar determinadas actitudes, como cuidar el medioambiente o conducir con prudencia.

La **publicidad** es el conjunto de medios que se utilizan para vender un producto o servicio, o bien para transmitir una idea. No es pues solo un instrumento de las empresas, sino que las instituciones sociales o culturales también se sirven de ella para difundir determinadas ideas sobre hábitos de vida saludables, respeto al medioambiente y a los demás... Por tanto, la publicidad busca influir en el receptor e, incluso, modificar su comportamiento sobre temas concretos.

La publicidad se difunde por distintos canales: visual (periódicos, revistas o vallas publicitarias), auditivo (radio), audiovisual (televisión) o digital (Internet). Dependiendo del canal, el mensaje publicitario contendrá unos elementos verbales y no verbales determinados.

El **lenguaje publicitario** es múltiple porque reúne diferentes códigos: el verbal (mensaje oral y escrito), el visual (imagen estática o dinámica), el musical (efectos sonoros, fondo musical)... La publicidad debe, por tanto, adecuarse a lo que se anuncia y al medio en el que se hace: no es lo mismo un anuncio en la televisión o en alguna página web que un anuncio en la radio o en un periódico en papel, porque el canal, el código y el tipo de destinatario varían.

El **lenguaje** utilizado debe ser **conciso** (porque no se cuenta con mucho espacio ni tiempo y debe ser eficaz) y **original** (para sorprender y captar la atención del receptor). En todo anuncio posee una importancia primordial el **eslogan**, es decir, el enunciado breve, conciso, original, directo, ocurrente y pegadizo, de gran carga semántica, cuya finalidad es impactar al receptor y grabarse en su memoria.

Según su finalidad, la publicidad puede ser:

Comercial
Pretende que el receptor consuma un producto o servicio. Su intención es persuasiva.
comprar

Institucional
Tiene como propósito orientar la actitud y enseñar al consumidor o al usuario a utilizar correctamente el producto o servicio. Su intención es informativa.

Propagandística
Intenta convencer y aconsejar para que se actúe de una forma determinada. Su intención es ideológica.

Debemos reflexionar sobre la influencia que tiene la publicidad en nosotros y sobre cómo la utilizamos. Muchas veces, si no nos damos cuenta, puede que hayamos adquirido ideas o pensamientos sobre ciertas realidades que no habríamos concebido de manera previa si no hubiéramos tenido contacto con el mundo publicitario.

La persuasión

La función básica de la publicidad es la **apelativa,** aquella que busca llamar la atención del receptor con fines persuasivos.

El texto publicitario posee un **mensaje persuasivo** cuyo objetivo es convencer, mediante argumentos, para que el receptor piense o haga algo de una determinada manera.

Tu turno

1 En el vídeo que habéis visto aparecen acciones que se pueden realizar y acciones que no se pueden hacer en dos segundos.

- ¿Qué se quiere decir con «eso lo hago yo en dos segundos»?
- ¿Se puede convencer a alguien de que haga algo diciendo «eso lo haces en dos segundos»? Explica qué sentido tiene en el anuncio que has visto.

VÍDEO 5.1

2 ¿Por qué crees que es tan importante reciclar?

3 Ahora, en grupos de dos, vais a diseñar un anuncio en forma de vídeo para la televisión, con un fin social o de protección del patrimonio cultural o medioambiental. Para ello, os sugerimos que sigáis estos pasos:

Elección del tema

Escoged un tema que esté relacionado con el respeto a la fauna o flora, el reciclaje en vuestro colegio, la limpieza o la protección de algún monumento... Pensad que tiene que ser un asunto del que tengáis conocimiento.

Búsqueda de información

Completad la información que ya poseéis sobre el tema buscando en distintas fuentes. Este paso también os servirá para coger ideas e inspiraros.

Diseño de la estructura

Siempre se tiene que cumplir la estructura mínima de **presentación** del tema y **desarrollo** de alguna idea que se desea destacar o que guarda relación con el **mensaje final.** Podéis incluir varias secuencias, que vayan de lo general a lo más concreto:

- Un plano general: ayuda a situar las escenas.
- Imágenes fijas: contribuyen a identificar los elementos visuales que guardan relación con el contenido del anuncio.

Composición del texto

Escribid el texto y el **eslogan** que ha de acompañar las imágenes.

Elección de las imágenes y de la música

Decidid qué tipo de elementos audiovisuales vais a incluir en el anuncio. Os aconsejamos para ello que realicéis una lluvia de ideas sobre lo que os sugiere el tema que habéis seleccionado. Una vez que hayáis hecho una lista, debatid cuáles serían las más idóneas para plasmar en la estructura del anuncio.

En función de los medios de cada centro, podréis probar a grabar el anuncio y usar un programa básico de edición para combinar las imágenes, el texto y la música que se añade.

AUTOEVALUACIÓN

Para valorar vuestra intervención y las de los demás compañeros, comprobad que se cumplen todas estas afirmaciones.

1. El mensaje que hemos expresado es claro, conciso y original.
2. La estructura tiene introducción, desarrollo y conclusión.
3. Hemos incluido imágenes que acompañan al mensaje.
4. La música y las imágenes son adecuadas para lo que hemos querido transmitir.

LEER

A lo largo de la historia, los problemas de visión han mejorado considerablemente gracias al desarrollo de la medicina y la tecnología.

Señala personajes históricos que hayan utilizado alguno de los instrumentos para ver que se muestran en la imagen de la derecha. Investiga quién los inventó o qué personaje famoso fue el primero en utilizarlos.

Ponle palabras a la imagen de la niña del siguiente anuncio publicitario: ¿qué sensación te produce esta foto? Resúmela en una frase.

Las imágenes que apoyan a los textos para comunicar un mensaje concreto deben ayudar a transmitir lo que se quiere decir y aportar algo nuevo.

- ¿Por qué crees que los publicistas han elegido esta foto?
- ¿Qué contenido aporta la imagen que no transmite el texto?

ACTIVIDADES

1 ¿Quiénes son los destinatarios de este anuncio?

a. Todo el público en general, padres y personas sensibles en particular.

b. Personas con discapacidad visual de algún tipo.

c. Niños.

2 En el anuncio, la niña realiza un gesto con la mano. En la parte derecha, donde está situado el texto, está representado ese mismo gesto. Especifica dónde, cómo, de qué color es y por qué crees que se ha hecho así.

3 ¿Qué deben hacer las personas que deseen colaborar con esta campaña solidaria?

a. Usar el teléfono para que el coste de la comunicación se done a la causa.

b. Entrar en la página de Internet que consta en el anuncio.

c. Enviar un mensaje con el texto *Sahara* a un número de teléfono concreto.

d. Ninguna de las respuestas anteriores es correcta.

4 ¿Añadirías alguna información a este anuncio para mejorarlo. En tu opinión, ¿qué tipo de ayuda pretende prestar esta organización?

a. Comprar gafas para niños.

b. Evitar que las personas que viven en el Sáhara tengan problemas de visión.

c. Operar a personas invidentes.

d. Construir hospitales especializados en problemas de visión.

5 ¿Crees que es útil esta campaña?

6 Explica por qué y qué medidas se podrían tomar para que no hicieran falta campañas de este tipo.

7 Analiza la estructura del anuncio.

8 Explica por qué *Sáhara* lleva tilde en una parte del anuncio y no la lleva en otra.

MÁS QUE PALABRAS

1 ¿Qué tipo de palabra es *Sáhara* según su acentuación? Escribe más palabras con la tilde en la misma posición que estén dentro del campo semántico del anuncio.

2 Con las letras de estas palabras, crea otras nuevas (no hace falta que uses todas) como en el ejemplo:

Sáhara contiene *asar, hará.*

a. *Ceguera* contiene ......

b. *Desierto* contiene ......

c. *Evitemos* contiene ......

ESTRATEGIAS DE LECTURA

¡Entérate!

Para comprender un texto en profundidad, es esencial conocer de antemano información relevante:

- Si vas a leer una novela, «curiosea» sobre la vida del autor, lee anécdotas referentes a la redacción de la obra.
- En los textos publicitarios, es necesario conocer «la marca». Si sabes qué quiere transmitir esa entidad, podrás adelantarte a sus intenciones comunicativas. Recuerda que para comprender bien un anuncio, es esencial saber interpretar el lenguaje visual: colores, tamaño y tipo de letra, imágenes...
- En los textos de actualidad, sobre todo, suele ser necesario inferir, es decir, utilizar el acervo cultural, vital y lector para completar, matizar y hacer propio el significado del texto.
- Los textos de humor suelen requerir que conozcas los juegos de palabras, las ironías, los dobles sentidos, las metáforas y las alegorías que utilizan.

El anuncio

Un anuncio es un tipo de texto que transmite un mensaje centrado normalmente en una idea, una situación específica o un producto, que tiene un fin publicitario. Por tanto, su función es **convencer o persuadir** al público para que adquiera ese producto o actúe según las indicaciones recomendadas.

Puede presentar secciones descriptivas (para informar sobre las características del producto); secciones argumentativas (para persuadir a través de razonamientos); secciones narrativas (para situar al receptor en los antecedentes o hechos concretos, a través del relato de una historia previa y así presentar lo anunciado) o secciones expositivas (para explicar los beneficios o cualidades del contenido publicitado).

El anuncio se enmarca en los textos de **ámbito de uso social**, pues se trata de un texto público dirigido a un colectivo amplio y heterogéneo. El lugar o medio en el que se va a ubicar el anuncio (un periódico, una revista, una valla publicitaria, una parada de autobús...) es determinante para el diseño del propio texto publicitario.

En él se combina el **código lingüístico** con el **código iconográfico** y, según el medio, también el **código audiovisual**, los cuales adquieren una importancia significativa en este tipo de género por ser los responsables, en la mayoría de ocasiones, de provocar el reclamo en el receptor. Además, el tamaño de la letra y las imágenes, su proporción en el conjunto y el color de cada elemento se corresponden con su importancia y función comunicativa.

El mensaje publicitario emplea un estilo atractivo, en el que se encuentran diferentes **recursos lingüísticos:** juegos de palabras, personificaciones, metáforas, hipérboles, sinestesias, extranjerismos, léxico connotativo, predominio del modo verbal imperativo, tono exhortativo...

Las partes que conforman un anuncio escrito son las siguientes:

Imagen
Las imágenes atraen la atención del receptor sobre el mensaje.

Eslogan
Identifica la campaña o el producto y permite recordarlo mejor.

Cuerpo del texto
Incluye la idea principal y los detalles del mensaje de la campaña o las características del producto publicitado.

Logotipo
Asegura un rápido reconocimiento de la institución, de la marca o del producto que publicita.

Tu turno

1 Redacta un eslogan para cada uno de los siguientes productos. Sé original, economiza tu uso del lenguaje y «carga» significativamente las palabras empleadas.

- Nuevo modelo deportivo de un coche.
- Perfume de mujer.
- Campaña de control de cinturón de seguridad.
- Bebida energética.
- Ofertas en un establecimiento comercial.
- Campaña institucional de reciclaje.

2 Elabora un anuncio para una valla publicitaria sobre un producto que quieras promocionar. Recuerda cuál es el propósito básico de todo buen publicista: persuadir. Sigue estos pasos:

1.º Escoge el producto de tu anuncio. Diseña la imagen que protagonizará tu anuncio. Puedes dibujar el producto o buscar en Internet una imagen.

2.º Redacta un eslogan que invite a la acción: *compra, ven, recicla...* Procura ser directo, original y ocurrente.

3.º Además de los argumentos propios de este tipo de texto publicitario, incluye también secciones de texto descriptivo, expositivo o narrativo si dan juego en tu objetivo persuasivo.

4.º Combina los elementos del anuncio de diferentes formas y realiza diversos bocetos que te ayuden a decidir la mejor presentación. Ten en cuenta que el orden en la lectura de un anuncio es el siguiente: imagen, eslogan y cuerpo del texto.

5.º Responde a las siguientes preguntas y revisa y modifica tu anuncio en función de las respuestas:

- ¿Crees que tus compañeros comprarían tu producto o seguirían tus indicaciones a partir del anuncio diseñado?
- ¿Tu eslogan puede ser fácilmente memorizado?
- ¿Has utilizado un estilo sugestivo, que atrape en todo momento al lector y consiga su fin persuasivo?
- ¿Las imágenes empleadas resultan atractivas o impactantes y, por tanto, apelan al público para que dirija su mirada hacia el anuncio?
- ¿La estructura de tu anuncio y la jerarquía de las diferentes secciones y códigos empleados es la más idónea para comunicar tu mensaje publicitario?
- Revisa la ortografía de tu texto. Los errores ortográficos devaluarían la calidad de tu trabajo.

Uso del infinitivo por imperativo

No es correcto el uso del infinitivo en lugar del imperativo para dar una orden en segunda persona del plural:

**Traer todas las bolsas. / Traed todas las bolsas.*

**Poneros los abrigos. / Poneos los abrigos.*

Sin embargo, es correcto el empleo del infinitivo con valor de imperativo cuando va precedido de la preposición *a* (uso propio de la lengua oral y coloquial):

Juan, a estudiar. Niños, a comer.

No debe confundirse el incorrecto uso del imperativo con el empleo correcto del infinitivo, que tiene valor exhortativo en indicaciones, advertencias, recomendaciones o avisos dirigidos a un interlocutor colectivo e indeterminado (frecuentes en instrucciones de uso, etiquetas de productos, carteles…):

No fumar. *Lavar a mano.*

01 Los enunciados y sus modalidades

Un **enunciado** es la unidad mínima de comunicación. El emisor de un enunciado, además de lo que dice en él, puede expresar una actitud ante lo dicho (deseo, duda, orden). Según la intención del hablante o la modalidad, los enunciados pueden ser:

- **Aseverativos** o **enunciativos.** Expresan un hecho. Se clasifican en afirmativos *(Hace frío)* y negativos *(Los consumidores no han elegido esta marca).* Para ello, suele usarse el modo verbal indicativo. En los aseverativos negativos, se incluyen adverbios como *no, nunca,* pronombres como *nadie, ninguno* o determinantes como *ningún.*
- **Interrogativos.** Preguntan sobre la información que transmite el mensaje. Se dividen en:
  - **Totales** o **parciales,** según se contesten con sí o no (totales) o con otra información (parciales). Ejemplos: *¿Quieres un café? ¿Cuándo te vas de vacaciones?*
  - **Directos** o **indirectos,** según se utilice la entonación interrogativa (directos) o un verbo que los introduce (indirectos). En los enunciados interrogativos de estilo directo se escriben los signos de interrogación. En el estilo indirecto un verbo introduce el interrogativo. En unos y otros se utilizan pronombres, determinantes y adverbios interrogativos: *qué, cuánto, cuándo...* Ejemplos: *¿Por qué hay niños que no tienen colegios? Nos preguntamos si querrías aportar tu granito de arena.*
- **Exclamativos.** Muestran una emoción intensa ante lo que se dice: sorpresa, enfado, alegría... Los exclamativos pueden ser **totales** o **parciales.** Los primeros no contienen palabras exclamativas: *qué, cuándo, dónde... (¡Han vuelto a casa!).* Los parciales contienen un pronombre, determinante o adverbio exclamativo *(¡Cuánto has crecido!).* En ocasiones, la modalidad se manifiesta de forma indirecta, como en *Me admira cuánto has crecido.*
- **Imperativos** o **exhortativos.** Transmiten una orden o petición al receptor. Pueden enunciarse, aunque no es imprescindible, con entonación exclamativa. Se puede usar el vocativo o la llamada al receptor *(María, acércate un momento),* el modo imperativo *(¡Sal de aquí!)* o el modo subjuntivo para indicar que no se ha de realizar una acción *(No vuelvas tarde).*
- **Desiderativos.** Expresan el deseo de que tenga lugar la información que transmite el mensaje. Suele usarse el adverbio específico de deseo *ojalá* y el verbo en modo subjuntivo y, en general, con verbos que expresan deseo: *quiero, deseo, quisiera... (Ojalá llegue pronto. Desearíamos que todos tuvieran un hogar).*
- **Dubitativos.** El emisor no tiene certeza o tiene dudas sobre la información que se envía en el mensaje. Se usan adverbios y locuciones adverbiales específicas de duda: *quizá, tal vez, a lo mejor...* y verbos que indican duda: *no sé si..., dudo que... (Tal vez nunca se encuentre una igual. No sabemos si habrá una segunda oportunidad).*

El enunciado

Un **enunciado** puede estar formado por una palabra o conjunto de palabras con sentido completo.

Los enunciados pueden ser frases u oraciones. Las **frases** no incluyen un verbo *(¡Feliz cumpleaños!),* mientras que las **oraciones** sí lo llevan *(Te deseo que cumplas muchos más).*

!

Es frecuente que se utilicen oraciones que se asocian con una modalidad para expresar una intención que se suele indicar mediante otra. Por ejemplo, se suele usar una desiderativa, una interrogativa o una enunciativa para hacer una petición: *¿Tiene hora?,* en lugar de *Dígame la hora, por favor; Parece que hace fresco* en vez de *Por favor, cierra la ventana,* etc.

02 La oración. Clasificación

Una **oración** es una unidad estructural, semántica y comunicativa. Esta unidad gramatical puede clasificarse según la presencia o ausencia de sujeto, la naturaleza del predicado o la cantidad de predicados que contiene.

02.1 Oraciones según su sujeto

Las oraciones constan de sujeto y predicado, salvo en algunos casos especiales. Según esta circunstancia, las oraciones se dividen en:

Oraciones personales

Las oraciones personales son aquellas que **tienen sujeto:** *Los voluntarios son necesarios, María y su padre consiguieron su objetivo.*

El sujeto puede aparecer explícitamente o estar omitido. Cuando lo conocemos, o cuando no es relevante, el sujeto no está presente de forma explícita, pero se deduce por la persona del verbo. Se dice entonces que está **omitido** o **elidido:**

(Tú) *No olvidarás esta sensación.*

(Ellos/Ellas) *Compran ropa.*

Oraciones impersonales

Son oraciones que **no tienen sujeto,** es decir, que se componen solo de predicado. En estos casos el verbo no está indicando la elisión de un sujeto (su presencia no es opcional), puesto que no es posible incluir un nombre o un pronombre que cumpla esa función. Se pueden dar los siguientes casos:

- Con verbos que se refieren a **fenómenos atmosféricos y de la naturaleza.** Son verbos impersonales que solo se conjugan en tercera persona del singular: *granizar, llover, nevar, amanecer (Llueve mucho hoy, Amanece tarde).* También pueden usarse con sentido personal, en expresiones del tipo *Le llueven las ofertas.*
- Con los verbos ***haber, hacer, ser*** y ***estar.*** Algunos usos de estos verbos forman oraciones impersonales. En estos casos el verbo aparece siempre en tercera persona del singular: *Hay experiencias únicas, Aún era de día.* Los verbos *hacer* y *ser* en las construcciones adverbiales temporales del tipo *Hace tres meses que llegó, Hace años.*
- **Oraciones impersonales con *se*.** En estas oraciones impersonales el verbo va en tercera persona del singular y el *se* no tiene función, es solo una marca de impersonalidad y se analiza junto al verbo: *Se vive bien aquí.*

Estas oraciones se suelen utilizar cuando se pretende **generalizar** y aparentar objetividad *(Se come muy bien en este restaurante).* Es muy frecuente en noticias o editoriales, o bien cuando **no se sabe o no interesa** decir quién ha realizado la acción *(Con esta campaña se pretende concienciar a la población de las agresiones al medio ambiente).*

Concordancia con *haber*

Fíjate en el siguiente ejemplo que *experiencias únicas* no puede ser el sujeto del verbo *hay*, pues no concuerda con él.

Hay *experiencias* *únicas.*
N (Sust) SAdj-CN
N (V) SN-CD
SV-PV
Oración impersonal

Impersonal con *se*

Se vive *bien* *aquí.*
N (Adv) N (Adv)
N (V) SAdv-CC SAdv-CC
SV-PV
Oración impersonal

ACTIVIDADES

1 Clasifica las siguientes oraciones según su modalidad. Señala qué elementos lingüísticos te han servido para identificarlas. Ten en cuenta que a veces las oraciones pueden tener más de una modalidad.

a. Mi prima ya ha terminado Medicina.

b. ¡No vuelvas muy tarde de la fiesta!

c. Ojalá aprobemos todos el examen.

d. No sé si llegará a tiempo para coger el tren.

e. Deberías estudiar más horas al día.

f. ¿Sabría usted qué hora es?

2 Reflexiona sobre qué tipo de modalidad de enunciados crees que predomina en las campañas publicitarias.

3 Determina qué modalidades se mezclan en las siguientes oraciones:

a. ¡Ojalá ganemos hoy!

b. Me gustaría saber cuánto lloverá hoy.

c. Quiero que él llegue el primero.

d. No sé si hay suficiente tarta.

4 Indica qué modalidad utiliza el emisor de estas oraciones y cuál emplearía en cada caso si fuera más directo en su comunicación:

a. No tengo dinero para el café.

b. ¿Podrías pasarme la sal?

c. Tal vez sea el momento de irnos a casa.

d. Me encantaría que vinieras conmigo.

5 Expresa estas peticiones de forma indirecta, cambiando la modalidad, de manera que el resultado parezca más educado.

a. ¡Quita eso de ahí!

b. No salgas ahora.

c. Acércate al quiosco y compra el periódico.

d. ¡A callar!

6 Los siguientes textos pertenecen a campañas de la Dirección General de Tráfico y su fin último, como corresponde a esta modalidad textual, es convencer al receptor. Pero se utilizan distintas modalidades. Identifícalas y, a continuación, utiliza un enunciado con modalidad diferente que transmita la misma idea.

a. Usa tus intermitentes y circula por el carril derecho (2014).

b. Estas Navidades, te están esperando (2014).

c. Al volante, el 99 % de tu atención no es suficiente (2014).

d. En invierno, tu conducción y tu coche necesitan que te adaptes al frío (2013).

e. ¿Es que no lo ves? A tu lado, vamos todos (2013).

f. ¡No llego a fichar a mi hora! (2014).

7 En el marco de una campaña para potenciar el consumo de fruta, inventa enunciados que sean de las siguientes modalidades:

a. Interrogativo indirecto total.

b. Exclamativo.

c. Desiderativo.

d. Interrogativo directo parcial.

e. Dubitativo.

f. Aseverativo o enunciativo afirmativo.

g. Aseverativo o enunciativo negativo.

h. Exhortativo o imperativo.

8 Señala el modo de los verbos de los textos del siguiente anuncio y di en qué tiempo están. A continuación, indica cuál es la modalidad de cada una de las oraciones a las que corresponden estos verbos.

Recuerda que los hechos se presentan con oraciones de modalidad aseverativa a la vez que sirven para convencer. ¿Cómo se observa eso en este anuncio?

9 El texto anterior contiene un verbo impersonal. ¿Cuál es?

10 Rodea los verbos de los siguientes eslóganes y busca el sujeto de cada uno de ellos. Si no se encuentra explícito, indica qué pronombre concuerda con él.

¿En qué casos no se puede colocar un pronombre que sea sujeto? Comprueba si se trata de oraciones impersonales.

a. Hay cosas que olvidas con el tiempo. Pero, afortunadamente, nunca olvidarás quién te las enseñó.

b. Estas Navidades te están esperando.

c. No hay justicia sin igualdad.

d. Tu profesionalidad es seguridad para todos.

e. No hay lugar como el hogar.

11 Indica en qué casos de los siguientes se están utilizando los verbos atmosféricos como personales. A continuación, reescribe esas oraciones de manera que no se utilicen esos verbos atmosféricos.

a. Amaneció ayer a las ocho de la tarde.

b. Estuvo tronando y relampagueando hasta las doce.

c. Después de toda la noche de viaje, amanecí en Madrid.

d. A Juan le llovieron críticas de todas partes.

e. Sus ojos relampagueaban con odio.

12 Señala cuáles de las siguientes oraciones son impersonales y cuáles son personales con sujeto omitido.

a. Vive muy bien porque es rico.

b. Se vive muy bien en este pueblo.

c. Estaban en casa.

d. Había dos chicos allí.

e. Caía la lluvia incesantemente.

f. Llovía incesantemente.

13 Transforma las siguientes oraciones en impersonales. ¿Qué percibes con este cambio?

a. Todos deben salir por aquí.

b. El usuario debe conectar este cable al puerto USB.

c. Las personas pueden descansar en el banco.

d. En clase todo el mundo atiende al profesor.

e. En este hospital el personal cuida muy bien a los ancianos.

14 ¿Por qué crees que aparece el pronombre *se* en el siguiente texto? Solo en un caso se corresponde con el *se* impersonal. ¿Cómo lo reconoces? ¿Con qué intención se usa la oración impersonal? Razona la respuesta.

> El proceso convencional de reciclaje de acumuladores empezaba con la descarga de las baterías usadas en un contenedor, donde una sierra les cortaba la tapa; posteriormente se les extraían los componentes: polipropileno, separadores, electrolito, óxido de plomo y plomo metálico. [...] El funcionamiento de la unidad de triturado y clasificación se basa en el resultado de sucesivas separaciones hidrodinámicas, mediante las cuales se procede con eficiencia al aislamiento de los distintos materiales.
>
> www.revistatope.com

02.2 Oraciones según su predicado

Distinguimos entre dos tipos de oraciones según la carga de significado del verbo que cumple la función de núcleo del predicado. Esto da lugar a tipos de predicados diferentes. Las oraciones se pueden dividir pues, según la naturaleza del predicado, en copulativas o predicativas (y estas, a su vez, en transitivas o intransitivas).

Oraciones atributivas o copulativas

Son aquellas oraciones formadas por un **predicado nominal**, compuesto por un verbo copulativo *(ser, estar* o *parecer)* y un atributo (lo que se predica del sujeto).

Este	*envase*	*es*	*reciclable.*
Det	N (Sust)	N (V)	SAdj-Atrib
SN-Suj		SV-PN	

Reciben el nombre de copulativas porque el verbo es un mero elemento de enlace, una cópula que une sujeto y atributo. Los **verbos copulativos** tienen todas las características morfosintácticas propias de los núcleos del predicado (presentan concordancia entre el sujeto y el verbo), pero poseen escaso significado léxico, porque su función es unir el sujeto con el atributo. El atributo, que suele ser un nombre o un adjetivo, aporta prácticamente todo el significado al predicado, y por eso se llama *predicado nominal.*

Cuando ***ser*** o ***estar*** indican localización en el lugar o en el tiempo, adquieren el sentido de 'suceder, ocurrir' y pierden su carácter atributivo pasando a funcionar como predicativos, por ejemplo: *La solución está en ti.*

Otros verbos, como *resultar* o *volverse,* pueden considerarse verbos que conforman un predicado nominal, pero estos verbos, llamados **semicopulativos,** presentan un significado más definido, con mayor carga semántica que *ser, estar* o *parecer.*

Fue, forma del verbo *ser*, coincide por homonimia con la correspondiente del verbo *ir.*

No olvides que es un monosílabo, por tanto, no lleva tilde.

En cuanto su marcha ***fue*** *(verbo ser) posible, se* ***fue*** *(verbo ir) del hospital.*

Oraciones predicativas (transitivas e intransitivas)

Son aquellas que contienen un **predicado verbal,** cuyo núcleo es un verbo con significado léxico suficiente como para predicar algo relativo al sujeto. Por ejemplo:

La	*solidaridad*	*crece*	*imparable.*
Det	N (Sust)	N (V)	SAdj-Predicativo
SN-Suj		SV-PV	

Recuerda que, si llevan un adjetivo o un nombre que se refiere al sujeto, no se dice que tenga función de atributo, sino de complemento predicativo. El complemento predicativo sirve para matizar y completar la predicación del verbo.

- **Oraciones transitivas e intransitivas**

Los verbos que necesitan un complemento directo para construir una oración se denominan **transitivos.** Los que no lo necesitan reciben el nombre de **intransitivos.**

La **transitividad** o **intransitividad** es una cualidad del significado del verbo que repercute en la construcción sintáctica de las oraciones. Un verbo transitivo está dotado de menor carga de significado, de ahí la necesidad de completarlo con un complemento directo.

Algunos verbos pueden usarse como transitivos e intransitivos, según los contextos en que aparezcan. Cuando se usan como intransitivos, la información aportada es menor (aunque puede combinarse con otros complementos) o bien cambia algún matiz de su significado:

> **comer[1].** (Del lat. *comedĕre*).
>
> 2. tr. Ingerir alimento. *Comer pollo, pescado.* U. t. c. intr. *No es posible vivir sin comer.*
>
> www.rae.es

Los diccionarios recogen la naturaleza transitiva o intransitiva de los verbos.

– **Oraciones transitivas:** son aquellas formadas por un predicado verbal cuyo núcleo es un verbo transitivo. El verbo necesita dos argumentos para que la oración tenga sentido completo: el **sujeto** y el **complemento directo.**

El	*compromiso*	*ambiental*	*ha dado*	*sus*	*frutos.*
		N (Adj)		Det	N (Sust)
Det	N (Sust)	SAdj-CN	N (V)	SN-CD	
SN-Suj			SV-PV		

Las oraciones **reflexivas** y **recíprocas** son un tipo de oración transitiva. En ellas coinciden el sujeto y el CD, o bien el sujeto y el CI. Desempeñan la función de CD y CI los pronombres reflexivos o recíprocos.

Oraciones reflexivas	*Tú te lavas.* te: CD	*Tú te lavas las manos.* te: CI; las manos: CD
Oraciones recíprocas	*Ellos se escriben.* se: CD	*Ellos se escriben correos.* se: CI; correos: CD

– **Oraciones intransitivas:** son aquellas formadas por un predicado verbal cuyo núcleo es un verbo intransitivo. El **sujeto** realiza la acción o experimenta el proceso al que se refiere el verbo, y es el único argumento necesario para que la oración tenga sentido completo.

La	*situación*	*mejora.*
Det	N (Sust)	N (V)
SN-Suj		SV-Pred

El	*agua*	*baja*	*turbia.*
Det	N (Sust)	N (V)	SAdj-CPred
SN-Suj		SV-PV	

02.3 Oraciones según la voz del predicado

La voz indica si el sujeto **realiza** la acción verbal y, por tanto, cumple la función semántica de **agente;** o si **recibe** el efecto de esa acción, y cumple así la función semántica de **paciente.** Estas funciones semánticas pueden expresarse mediante oraciones con estructuras sintácticas diferentes.

- Si el agente es sujeto, se trata de una **oración activa:** *El chico recoge la basura.*
- Si el paciente es sujeto, es una **oración pasiva:** *La basura es recogida por el chico.*

Oración pasiva perifrástica

Solo pueden formarse oraciones pasivas con verbos transitivos. Las oraciones pasivas se componen de los siguientes elementos:

- **Sujeto paciente:** recibe la acción del verbo.
- **Verbo en voz pasiva:** verbo *ser* + el participio del verbo que se conjuga *(es recogida).*
- **Complemento agente (CAg):** indica quién realiza la acción del verbo. Es un SPrep (un SN precedido de preposición) que se sitúa en el predicado. No es un complemento obligatorio, por eso en ocasiones no aparece, porque:
  - El agente **no interesa,** por ser evidente: *Los envases deben ser reciclados.*
  - El agente **es desconocido:** *Este problema quizá nunca sea resuelto.*
  - El agente es conocido, pero **su importancia es secundaria** o se omite por estar nombrado previamente. *El Gobierno actuó y el problema fue resuelto.*

Oración pasiva refleja

Es un tipo de pasiva que utiliza la forma verbal en voz activa precedida de *se.* El sujeto paciente también recibe la acción del verbo y el complemento agente no suele aparecer.

Oración pasiva refleja	Oración pasiva perifrástica
El proyecto se está estudiando.	*El proyecto está siendo estudiado.*
Det N (Sust) — N (Perífrasis verbal)	Det N (Sust) — N (Perífrasis verbal)
SN-Suj Paciente — SV-PV	SN-Suj Paciente — SV-PV

Es frecuente confundir las oraciones impersonales con las pasivas reflejas, pues en ambas aparece *se* como marca.

Oración pasiva refleja	Oración impersonal con *se*
• Suele llevar sujeto. • No lleva CD. • El verbo siempre va en 3.ª persona (del singular o del plural).	• No lleva sujeto. • Puede llevar CD con *a.* • El verbo va en 3.ª persona del singular.

Diferencias en la estructura

Los constituyentes de las oraciones activas y pasivas desempeñan distintas funciones sintácticas:

El chico (Sujeto) *recoge* (N) *la basura.* (CD)

La basura (Suj Paciente) *es recogida* (N) *por el chico.* (CAg)

Al transformar una oración activa transitiva en pasiva:

- El CD de la activa pasa a ser sujeto paciente.
- El sujeto de la activa pasa a ser CAg.

¿Por qué usamos la pasiva?

Normalmente se coloca el sujeto paciente en la posición inicial de la oración, para destacar su importancia y convertirlo así en aquello de lo que se habla.

El complemento agente es opcional, pero el sujeto paciente no se omite, salvo en contadas excepciones (y normalmente solo cuando está citado en la oración previamente), y esto es porque precisamente se usa esta construcción para destacarlo, y no tiene sentido omitir aquello que se quiere destacar.

ACTIVIDADES

15 Imagina que tienes que crear una campaña sobre el derecho universal a la educación. Escribe el texto que contendrá utilizando solo oraciones atributivas.

16 En los siguientes casos, ¿qué usos de los verbos *ser* y *estar* son predicativos?

a. Si eres honrado, seguro que estás en el lado correcto de la ley.

b. La manifestación fue a las ocho de la tarde, pero no fue un éxito.

c. Aquello no parecía justo, pero era la única solución.

17 Distingue si los adjetivos señalados son atributos o complementos predicativos.

a. Estaban **cansados,** pero llegaron **relajados** a la meta.

b. Los sospechosos no se mostraron **preocupados,** aunque eran **culpables.**

c. Aparecieron **veloces** y estaban **atentos.**

18 ¿Cuáles de las siguientes oraciones precisan un complemento directo?

a. Hemos conseguido.

b. Tu acción perdura.

c. Todos los niños necesitan.

d. Todos los niños ríen.

19 ¿Qué diferencia de significado hay entre los siguientes pares de oraciones?

a. La enferma no puede comer carne. / La enferma no puede comer.

b. Este chico no lee nunca. / Ella leyó varias veces los apuntes.

c. El alumno no estudia bastante. / El sospechoso estudiaba Química en la universidad.

20 Identifica el agente y el paciente de estas oraciones activas. Luego transfórmalas en pasivas.

a. Un millón de gestos como el tuyo salvarán el planeta.

b. Los ciudadanos deben separar la basura.

c. Los organismos internacionales cuestionan estas prácticas.

d. Los usuarios deben disminuir la producción de basura electrónica.

21 ¿Encuentras motivos en algunas de las oraciones anteriores para preferir la pasiva en una campaña? Si es así, ¿cuáles son?

22 Señala los complementos agentes en las siguientes oraciones y conviértelas en oraciones activas. Luego, analízalas sintácticamene.

a. La falta es lanzada por el capitán del equipo.

b. El futbolista ha sido sancionado por error.

c. Tras el terremoto, los desaparecidos fueron buscados por voluntarios.

d. Halladas unas pinturas rupestres por un niño que paseaba por el campo.

02.4 Oraciones según el número de predicados

Las oraciones se pueden clasificar según la presencia de uno o más predicados. De esta forma, se dividen en oraciones **simples** y oraciones **compuestas.**

Oraciones simples

Son aquellas que solo tienen un predicado, es decir, no contienen dentro de ellas otras oraciones (ni como argumentos, ni como adjuntos): *Vive la aventura del voluntariado.*

Oraciones compuestas

Son aquellas que constan de varios predicados. Las oraciones compuestas se dividen en coordinadas y subordinadas.

- **Oraciones coordinadas**

  La coordinación es un mecanismo por el que dos unidades lingüísticas cualesquiera se unen al mismo nivel de estructura jerárquica. Esto quiere decir que los dos elementos tendrán la misma función. Las oraciones que se unen en coordinación no tienen dependencia sintáctica entre sí.

  Evitemos la violencia en el deporte (1.ª Or. coordinada) *y* (Nexo) *promovamos el juego limpio.* (2.ª Or. coordinada) — Oración compuesta

  Según el matiz que aporte la conjunción coordinante que une las oraciones, se distingue entre:

  – **Copulativas.** Expresan el resultado de la suma de las oraciones que se unen a través de las conjunciones *y, e, ni (Llevaremos gafas y dotaremos las escuelas).*

  – **Adversativas.** Expresan una oposición entre las oraciones y se unen mediante *pero, aunque, sino, sin embargo... (Es un magnífico proyecto, pero irrealizable).*

  – **Disyuntivas.** Expresan una elección, ya sea excluyente o no, entre lo dicho por las oraciones que se unen gracias a las conjunciones *o, u, o... o, o bien (Habrá que buscar una solución o la tarea realizada no servirá de nada, O lo tomas o lo dejas).*

- **Oraciones subordinadas**

  Las oraciones compuestas también pueden incluir oraciones subordinadanas, que son aquellas que se encuentran insertas en otra oración, cumpliendo una función dentro de ellas.

  Según la función que realice la oración dependiente, pueden ser:

  – **Sustantivas.** Realizan funciones propias del sintagma nominal.

  – **Adjetivas o de relativo.** Realizan funciones propias del sintagma adjetival.

  – **Adverbiales.** Realizan funciones propias del sintagma adverbial.

Yuxtaposición

La ausencia de nexo, es decir, la yuxtaposición de oraciones sin enlace explícito, permite interpretar una coordinación o una subordinación, dependiendo del contexto:

No mires, únete.

Es la hora, únete.

Tu cuerpo te dice: cuídame.

Oraciones subordinadas

Que sea mi amigo (Or. sub. sustantiva-Sujeto) *me ha ayudado mucho.*

La persona que se encargó de esto (Or. sub. adjetiva-CN) *no está.*

Cuando pase un mes, (Or. sub. adverbial-CC) *veremos los frutos.*

ACTIVIDADES

23 Fíjate en el siguiente texto y clasifica las oraciones de uno de los tres cuadros de color en simples y compuestas (y estas en coordinadas y subordinadas).

R de Reducir

1. Usamos papel reciclado, por ambas caras, e imprimimos sólo lo necesario.
2. Los bocadillos los envolvemos en bolsas de tela, que no se tiran.
3. Damos buen uso al material escolar y los libros para que duren más tiempo.
4. ....

R de Reutilizar

1. A los tarros de cristal, de plástico, de pintura, agua... les buscamos nuevas utilidades, para guardar materiales.
2. Los briks los guardamos para experimentos, cocinas solares, semilleros, aislantes...
3. Traemos al taller de teatro ropa que no usamos...
4. Reutilizamos temas y otros residuos como papel, cartón, caucho, metales, plásticos... para crear obras de arte o aparatos nuevos.
5. ....

R de Reparar

1. En nuestro centro se reparan las cosas que se estropean. Así evitamos producir residuos, fomentamos el trabajo en nuestro entorno y además ahorramos dinero.
2. ....

www.juntadeandalucia.es

24 Utiliza las siguientes oraciones simples combinándolas mediante nexos adversativos, copulativos y disyuntivos para crear eslóganes publicitarios que incluyan oraciones coordinadas:

a. Utiliza la cabeza.
b. Trata de vivir mejor.
c. No te equivoques.
d. No habrá futuro.
e. Todo es posible.
f. Conseguiremos resultados positivos.
g. Cuida el planeta.

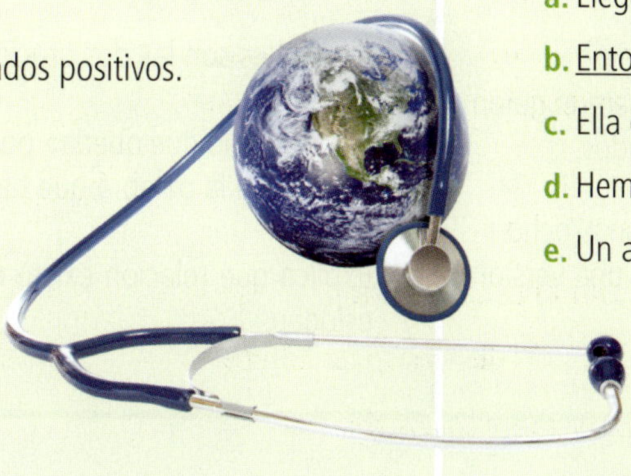

25 Las oraciones subrayadas pueden sustituirse por un sintagma nominal, adjetival o adverbial. Indica, en la segunda columna, el sintagma por el que pueden sustituirse y en la tercera, realiza la sustitución por el sintagma, para que resulte una oración simple. Finalmente, analiza dicha oración simple.

ORACIÓN DEPENDIENTE SUBRAYADA	SINTAGMA POR EL QUE SE PUEDE SUSTITUIR	ORACIÓN SIMPLE RESULTANTE
El envase que se recicla vive una segunda vida.		
Separamos la basura cada vez que la tiramos.		
El conferenciante aconsejó que recicláramos los objetos.		
Traemos al taller de teatro ropa que no usamos.		
Usamos bolsas de tela, que no se tiran.		
Nos preguntaron cuántos tapones habíamos reunido.		
Donde estés, usa los contenedores.		

26 Sustituye la palabra subrayada por una oración como en el ejemplo. Puede haber un cambio de significado en la oración compuesta resultante:

Entonces me contó el secreto. → Entonces me contó que había escondido el dinero.

a. Llegó un chico americano a clase.
b. Entonces corrieron hacia el tren.
c. Ella confesó la verdad.
d. Hemos llegado rápidamente.
e. Un amigo fiel te acompaña siempre.

EVALUACIÓN

1 Contesta a las siguientes preguntas sobre el anuncio anterior:

a. ¿Por qué puede considerarse un texto publicitario?

b. ¿De qué tipo de publicidad se trata?

c. ¿En qué sentido es «persuasivo»?

2 ¿Qué quiere decir «Juntos somos eternos»?

3 ¿Qué recursos lingüísticos aparecen en el anuncio y para qué se utilizan?

4 Señala en el anuncio el logotipo y el eslogan.

5 Imagina que grabas una campaña para la radio.

a. ¿Qué música elegirías?

b. ¿En qué orden se locutarían los textos?

c. ¿Con cuántos locutores contratarías?

d. ¿Cómo incluirías la información de los logotipos?

e. ¿Habría sonido de fondo? ¿Cuál sería?

6 Reflexiona sobre las preguntas anteriores y prepara el guion para una cuña que no dure más de veinte segundos.

7 Redacta un texto expositivo-argumentativo de unas ocho líneas que complemente el anuncio anterior para una versión a página completa.

8 En un lugar del anuncio aparece una frase para dar una información. ¿Dónde? Convierte esa frase en una oración usando la construcción pasiva.

9 ¿Cuál es la modalidad de enunciados que predomina en este anuncio? ¿Esa modalidad es compatible con el hecho de que los anuncios tengan una intención argumentativa? Justifica tu respuesta.

10 ¿Pueden darse consejos y órdenes sin utilizar la modalidad imperativa o exhortativa? Justifica tu respuesta.

11 En el anuncio aparece el verbo *ser* en tres ocasiones, pero solo en una de ellas es plenamente copulativo, ¿en cuál? Analiza esa oración e indica cuál es su sujeto.

12 ¿Necesita complemento directo el verbo *quedar*? Búscalo en el texto y di qué tipo de oración es según su predicado.

13 En el texto del anuncio aparece una relación de coordinación:

a. ¿De qué tipo es?

b. ¿Cuáles son las dos oraciones que se están coordinando?

14 Sustituye «lo que queda» por una sola palabra. ¿De qué categoría sería la palabra que has utilizado?

15 Explica qué relación existe entre la imagen del anuncio y el eslogan.

EVALUACIÓN

1 Completa con ejemplos el siguiente esquema.

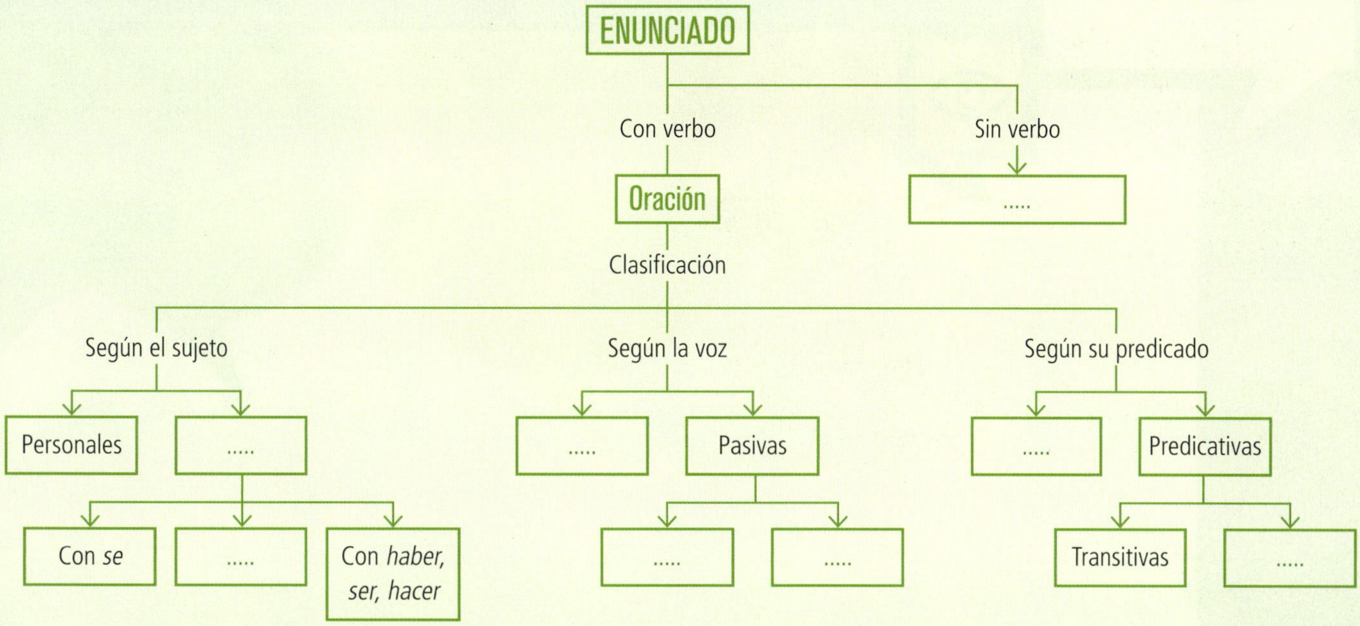

2 Marca los códigos que utilizan los anuncios en los distintos medios, compáralos y enumera las ventajas de cada uno de ellos.

	CÓDIGO VISUAL NO LINGÜÍSTICO	CÓDIGO SONORO NO LINGÜÍSTICO	CÓDIGO LINGÜÍSTICO VISUAL (ESCRITURA)	CÓDIGO LINGÜÍSTICO ORAL (HABLA)
Prensa o cartelería				
Internet				
TV / Vídeo				
Radio				

3 Indica cuál es la modalidad del siguiente enunciado: *Ojalá apruebes tu examen.*

4 Indica qué funciones realizan los argumentos que llevan las oraciones atributivas, predicativas transitivas y predicativas intransitivas (cuando los precisan).

5 Transforma la siguiente oración en pasiva, indicando de forma esquemática qué diferencia de estructura y uso implica dicha transformación: *El medioambiente requiere tu ayuda.*

6 Pon un ejemplo de cada uno de estos tipos de oraciones:

a. Oración subordinada sustantiva.

b. Oración subordinada adjetiva.

c. Oración coordinada adversativa.

d. Oración coordinada disyuntiva.

7 Indica si las siguientes oraciones son impersonales pasivas reflejas y explica por qué has llegado a esa conclusión.

a. Se vive bien en esta ciudad.

b. Se vendieron todos los cuadros de la exposición.

c. Se ha llegado al máximo de productividad este mes.

d. Se cuida estupendamente a los niños en esta guardería.

e. Se riegan las macetas todos los días a la misma hora.

f. Se están construyendo nuevos bloques de pisos en esta zona de la ciudad.

DIARIO DE APRENDIZAJE

¿Qué contenido de esta unidad te gustaría ampliar o estudiar con más profundidad?

06 Argumentar es de sabios

¿Qué relación encuentras entre esta unidad y tu entorno más cercano?

1 ¿Crees que un debate puede tratar sobre cualquier tema? ¿Qué caracteriza al tema de un debate?

2 Hay temas que siempre dan más juego que otros a la hora de interesar al público. ¿Con qué temas crees que ocurre esto?

3 Enumera tres temas sobre los que te gustaría debatir si fueras un experto; justifica el porqué.

VÍDEO 6.1
En tu libro digital

Después de ver el debate «Radiografía de la juventud», de *El debate de la 1*, de RTVE, contesta a estas preguntas:

1 ¿De qué nacionalidad son los jóvenes a los que se compara con los españoles?

2 ¿Qué dos momentos han vivido, según la presentación, nuestros jóvenes?

3 ¿Cómo influye en las posibilidades laborales, según el debate, el hecho de cursar una formación profesional o universitaria? ¿Qué opinas tú?

El debate

El debate es un género oral **argumentativo.** Se trata de un diálogo formal entre personas expertas en un tema determinado. Su finalidad es exponer ideas o pensamientos, para informar y, sobre todo, para convencer al receptor. Aunque está muy presente en los medios de comunicación, no solo se encuentra en este ámbito, también es propio del ámbito político y académico.

El debate pertenece al **registro culto** y, aunque es espontáneo y el tema siempre sea esencialmente polémico, nunca debe perderse el respeto al resto de los participantes ni usar palabras excesivamente coloquiales.

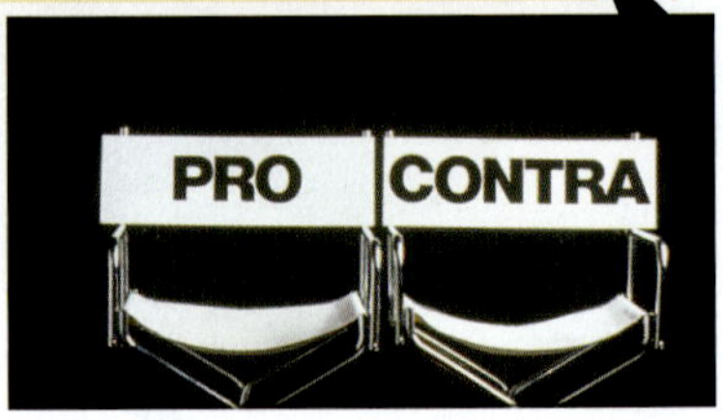

El **tema** de un debate debe despertar distintos puntos de vista y opiniones divergentes. Para que un debate se produzca es necesaria la presencia de un mínimo de dos personas y un **moderador** (también presentador, en el caso de un debate radiofónico o televisivo). Sus funciones básicas son:

- Presentar el tema y a los participantes.
- Controlar los turnos de intervención de cada participante y evitar las salidas de tono o faltas de respeto.
- Centrar el tema y animar el debate haciendo preguntas a los intervinientes, cuando sea necesario.

La **estructura** del debate suele seguir este esquema:

Inicio

El moderador saluda e introduce el tema. A continuación, presenta a los participantes y abre el debate dirigiéndoles una primera pregunta.

Discusión

En primer lugar, cada participante expone su punto de vista. Posteriormente, guiados por el moderador, se inicia un juego de réplicas y contrarréplicas, en el que los participantes aportan sus argumentos y se apoyan o contradicen.

Cierre

Normalmente un debate no lleva a una conclusión única, pero el moderador suele cerrarlo recogiendo las aportaciones principales de los participantes o mostrando una síntesis de lo que se ha tratado.

Con respecto al **lenguaje utilizado,** hay que tener en cuenta lo siguiente:

- Dado que cada participante expone su punto de vista u opinión sobre un tema, destacan fórmulas de expresión en primera persona: *En mi opinión...*, *Disiento...*, *Valoro tu punto de vista...*, entre otras. También son frecuentes los marcadores de discurso relacionados con el punto de vista del emisor: *lamentablemente, evidentemente, por fortuna...*
- Las opiniones que se contrastan deben estar sustentadas y ser argumentadas, por lo que es bastante frecuente encontrar datos, citas de autoridad o estructuras de causa y efecto: ... *Según los datos... el 37,2 %..., En Dinamarca el 1,8 %... Entre 25 y 34 años tenemos más titulados...*
- Son frecuentes, por su carácter argumentativo, los conectores que sirven para organizar la información, matizarla, relacionar causas y consecuencias, ejemplificar, contraponer: ... *Es decir, que tú te hagas un profesional...* (explicar), *pero, por otra parte, sí que hay un factor...* (contraponer).

Tu turno

1 Vuelve a ver el fragmento del debate sobre la juventud y responde a estas preguntas: VÍDEO 6.1

- ¿Crees que los invitados al debate son personas expertas en el tema que se plantea? Indica cuál es el oficio de alguno de ellos. ¿Crees que falta alguien en este debate?, ¿por qué?
- ¿Cuál es el tema principal del fragmento?
- ¿Qué rasgos de la juventud destaca cada participante en la presentación? ¿Son semejantes? ¿Estás de acuerdo? ¿Crees que falta alguno?
- Según el debate, ¿qué ofrece la sociedad a los jóvenes, en cuestiones de educación y de oferta laboral?

2 En el fragmento del debate que has visto, alguno de los invitados (José Antonio Marina, Pablo Simón, Almudena Moreno y Pilar Gómez) dan su opinión sobre las ideas que se exponen en la siguiente tabla. Complétala incluyendo qué argumentos aportan los distintos participantes para apoyarlas o rebatirlas.

	A FAVOR	EN CONTRA
Hay que potenciar los estudios universitarios con becas y ayudas.		
La emancipación de los jóvenes depende solo de factores económicos.		
Hay diferencias culturales entre la juventud de España y la del resto de Europa.		

3 ¿Qué expresiones en primera persona has detectado para indicar acuerdo y desacuerdo?

4 Ahora, en grupos, vais a hacer un debate, de unos quince minutos de duración, con las siguientes indicaciones:

1.º Cread grupos de cinco personas: una será el moderador; y las otras cuatro serán las que debatan.

2.º Escoged un tema que sea de vuestro interés y del que tengáis conocimientos.

3.º Las cuatro personas que debatáis tenéis que formar, a su vez, dos subgrupos: dos personas a favor y otras dos personas en contra sobre el tema escogido.

4.º Buscad datos que apoyen vuestras tesis; incluid en las intervenciones tres expresiones de opinión propia.

5.º El moderador tendrá que diseñar preguntas que abran el debate y otras que ayuden a redirigirlo en el caso de que los interlocutores comiencen a pasarse del tiempo (3 minutos por cada intervención) o si se llega a subir el tono hasta generar una fuerte discusión.

6.º El moderador deberá terminar con una conclusión que resuma lo tratado en el debate.

AUTOEVALUACIÓN

Para valorar vuestras intervenciones, comprobad que estas afirmaciones son ciertas:

1. El moderador ha controlado bien los turnos de palabra.
2. Habéis argumentado vuestros puntos de vista.
3. No habeis interrumpido al compañero y siempre habéis debatido respetuosamente.
4. Habéis incluido fórmulas de expresión de opinión.

LEER

¿Qué profesión te gusta más? ¿Tienes ya pensado a qué quieres dedicarte? Son numerosos los personajes relevantes de la historia que han dado consejos sobre la profesión que desempeñan. Estos son algunos de ellos:

> " Cuando llegue la inspiración, que me pille trabajando.
>
> Pablo Ruiz Picasso

> " La innovación distingue a los líderes de los seguidores.
>
> Steve Jobs (creador de Apple)

¿Qué crees que quiere decir cada una de ellas? ¿Estás de acuerdo? Justifica tu respuesta.

XLSemanal

Buscar un valor, texto, noticias...

Magazine | Firmas | Conocer | Ella & Él | Motor

Arturo Pérez-Reverte

El calvario de ser becario

XL Semanal - 30/9/2013 Arturo Pérez-Reverte

Llamémosles Ana, o Juan: veintipocos años, brillantes, con nota de proyecto de fin de carrera de notable a sobresaliente. Acaban de rematar de modo espléndido los estudios de ingeniero aeronáutico, arquitecto, médico o filólogo. Lo que ustedes prefieran. Y los dos, como algunos otros afortunados, están entre los pocos jóvenes españoles con posibilidad de encontrar un trabajo decente, con futuro, en un país de la Unión Europea. [...] Uno de esos que parecen serios. Esto es posible gracias a los fondos comunitarios para becas que administran universidades y fundaciones españolas; dinero destinado a financiar los seis primeros meses de contrato laboral de esos chicos en el país donde los requieran. E imaginen ustedes que Ana, o Juan, o como se llamen, por sus brillantes expedientes académicos, logran su sueño. Que una empresa de Hamburgo, de Copenhague o de Estocolmo les dice: vente para acá, chaval, que nos interesas. Tuyo es el curro. En cuanto una universidad o fundación española te conceda beca, te vienes. Y como además has hecho una carrera impecable y eres un tipo de élite, lo que significa una buena inversión para nosotros, aparte de los seis meses que te pagarán con fondos comunitarios para tenerte a prueba te pagaremos de nuestro bolsillo otros seis meses, lo que casi asegura contrato laboral indefinido. Dicho de otra manera, tu futuro resuelto. Durante un mes te reservamos el puesto de trabajo prometido. Así que pide la beca, agiliza el papeleo y espabila.

Y entonces, señoras y señores, Juan o Ana, como cualquier chico en su situación, se tropiezan con la España de toda la vida: vacaciones de Semana Santa, he ido a tomar café, cerrado por agosto, etcétera. Eso, de una parte. De la otra, la criminal lentitud de una burocracia infame que, en lugar de estar al servicio del individuo facilitándole la vida, no existe sino para arruinársela. Y así, los chicos que solicitan la beca pueden ver pasar tres, cuatro o cinco meses sin que el asunto se resuelva. Y ahora pónganse en el lugar de Ana, o de Juan, intentando explicarle a un empresario sueco que, a diferencia de otros chicos italianos o franceses cuya beca se tramitó en quince días, en España las cosas van de otra manera [...]. Porque los españoles –imaginen, insisto, la cara del empresario sueco, danés o kuwaití– nos movemos a otro ritmo. Calculen la angustia, la desesperación, la impotencia. Lo absurdo. Y eso, atención al detalle, con fondos que ni siquiera son dinero español, sino de la comunidad europea.

Arturo Pérez-Reverte: *XL Semanal*
www.finanzas.com

ACTIVIDADES

1 ¿Qué es lo que critica el texto?

a. El sistema educativo español y sus estudiantes.

b. La lentitud e inefectividad del sistema burocrático español después de terminar los estudios.

c. A los becarios de España.

d. A Ana o Juan.

2 Ponle un título alternativo al texto, una frase que resuma en no más de 10 palabras, lo que se dice en este artículo de Arturo Pérez-Reverte.

3 ¿Estás de acuerdo en que los trámites burocráticos se pueden agilizar? ¿Cómo crees que podría resolverse este inconveniente para que no se convierta en problema?

4 Según el texto, ¿qué sensación le puede quedar a una persona a la que, cumpliendo los requisitos para obtener una beca, no le conceden ese beneficio por motivos ajenos a sus aptitudes?

a. Estupor, rabia y desesperación.

b. Incredulidad, competitividad y perseverancia.

c. Indignación, odio y tristeza.

d. Resignación, desesperación y arbitrariedad.

5 Realiza un mapa conceptual del texto en el que indiques las ideas principales, qué relación existe entre ellas y si estás de acuerdo o no con cada una. ¿Qué función predomina en el texto?

6 En el texto hay una incongruencia: habla de becas en la Unión Europea, sin embargo, más adelante el autor hace referencia a un país que no es miembro de la UE. ¿Cuál es? ¿De qué continente es ese país? Busca en Internet a qué Estado, unión, continente o convenio internacional puede pertenecer.

7 En primera instancia, sin planteamiento de renovación firmado con anterioridad, ¿cuánto tiempo en total puede estar un becario español en el extranjero si le conceden la beca?

MÁS QUE PALABRAS

1 *Oriundo* es una palabra que expresa el origen de una persona según el lugar donde haya nacido. Así, un sueco es natural de Suecia. Completa:

Según país	**Según ciudad**
a. España → español	Valladolid → ....
b. Suiza →	Buenos Aires → ....
c. Marruecos →	París → ....
d. Dinamarca →	Pekín → ....

2 En el texto se utiliza con frecuencia una construcción en concreto: verbo + pronombre, por ejemplo: *llamémos**les***. Localiza, al menos, cinco de estos casos. ¿Por qué crees que el autor usa esa variedad de expresiones para referirse a los protagonistas del texto?

3 Detecta en el escrito de Pérez-Reverte todas las palabras habituales en el habla coloquial, así como los adjetivos que usa el autor para valorar ciertos hechos. ¿Coinciden en algún caso? En caso afirmativo, indícalos.

ESTRATEGIAS DE LECTURA

¡Exprésate!

La lectura culmina en una actividad con la que está estrechamente relacionada desde su propia concepción: la escritura. Son la cara y la cruz de una misma moneda: la comunicación.

La destreza en la escritura se adquiere con entrenamiento. Para que la comunicación sea óptima y lo que quieres decir sea lo que dices, te damos algunas pautas:

- Procura no utilizar códigos desconocidos para todos los lectores (como abreviaturas personales de palabras. Utiliza mejor la norma general).
- Las pausas que indicas en la escritura no siempre coinciden con las pausas que realizas para respirar. Por eso, acostúmbrate a escribir conforme a la norma. Así mejorarás también el proceso lector.
- Después de escribir, lee en voz alta lo que has escrito. Así podrás darte cuenta de errores que pueden pasar desapercibidos si no pones un sentido más (el oído) a trabajar en el proceso.

ESCRIBIR

El artículo de opinión

La prensa se ha convertido en uno de los instrumentos más influyentes de la sociedad, pues no solo transmite información, sino que también es formadora de opiniones. Entre los diferentes tipos de géneros periodísticos se encuentran los **géneros de opinión:** editorial, crítica, artículo de opinión...

El **artículo de opinión** se centra en una temática de actualidad, con frecuencia polémica, que atrapa a los lectores por su desarrollo crítico y tono personal. El articulista cuenta con total libertad y flexibilidad para expresar sus opiniones, comentarios y valoraciones del asunto tratado, ofreciendo su particular visión de la realidad. La **columna** es un tipo de artículo de opinión reservado a escritores de notable prestigio, de espacio fijo y periodicidad regular, que conlleva elementos tanto literarios como periodísticos.

Se trata de un **texto argumentativo** que presenta una serie de razonamientos (argumentos) para probar o demostrar una proposición o para convencer a los lectores de aquello que se afirma o se niega. Se combina con la exposición, al presentar o explicar el tema sobre el que se va a argumentar.

El artículo de opinión adopta una variedad de **recursos lingüísticos** que muestran la presencia del autor y el reclamo de la figura de su lector.

XLSemanal

Buscar un valor, texto, noticias...

Magazine | Firmas | Conocer | Ella & Él | Motor

Arturo Pérez-Reverte

El calvario de ser becario

XL Semanal - 30/9/2013 Arturo Pérez-Reverte

Llamémosles Ana, o Juan: veintipocos años, brillantes, con nota de proyecto de fin de carrera de notable a sobresaliente. Acaban de rematar de modo espléndido los estudios de ingeniero aeronáutico, arquitecto, médico o filólogo. Lo que ustedes prefieran. Y los dos, como algunos otros afortunados, están entre los pocos jóvenes españoles con posibilidad de encontrar un trabajo decente, con futuro, en un país de la Unión Europea. [...] Uno de esos que parecen serios. Esto es posible gracias a los fondos comunitarios para becas que administran universidades y fundaciones españolas; dinero destinado a financiar los seis primeros meses de contrato laboral de esos chicos en el país donde los requieran. E imaginen ustedes que Ana, o Juan, o como se llamen, por sus brillantes expedientes académicos, logran su sueño. Que una empresa de Hamburgo, de Copenhague o de Estocolmo les dice: vente para acá, chaval, que nos interesas. Tuyo es el curro. En cuanto una universidad o fundación española te conceda beca, te vienes. Y como además has hecho una carrera impecable y eres un tipo de élite, lo que significa una buena inversión para nosotros, aparte de los seis meses que te pagarán con fondos comunitarios para tenerte a prueba te pagaremos de nuestro bolsillo otros seis meses, lo que casi asegura contrato laboral indefinido. Dicho de otra manera, tu futuro resuelto. Durante un mes te reservamos el puesto de trabajo prometido. Así que pide la beca, agiliza el papeleo y espabila.

Y entonces, señoras y señores, Juan o Ana, como cualquier chico en su situación, se tropiezan con la España de toda la vida: vacaciones de Semana Santa, he ido a tomar café, cerrado por agosto, etcétera. Eso, de una parte. De la otra, la criminal lentitud de una burocracia infame que, en lugar de estar al servicio del individuo facilitándole la vida, no existe sino para arruinársela. Y así, los chicos que solicitan la beca pueden ver pasar tres, cuatro o cinco meses sin que el asunto se resuelva. Y ahora pónganse en el lugar de Ana, o de Juan, intentando explicarle a un empresario sueco que, a diferencia de otros chicos italianos o franceses cuya beca se tramitó en quince días, en España las cosas van de otra manera [...]. Porque los españoles –imaginen, insisto, la cara del empresario sueco, danés o kuwaití– nos movemos a otro ritmo. Calculen la angustia, la desesperación, la impotencia. Lo absurdo. Y eso, atención al detalle, con fondos que ni siquiera son dinero español, sino de la comunidad europea.

Arturo Pérez-Reverte: *XL Semanal*
www.finanzas.com

Título del artículo: pretende llamar la atención del lector.

Fuente: publicación y fecha.

Introducción: presentación de los protagonistas y su situación hipotética.

Desarrollo de los argumentos

Conclusión o tesis

- Reclamo de la figura del lector.
- Presencia del autor.
- Lenguaje coloquial.
- Tono irónico.
- Léxico valorativo.
- Rima consonante.
- Conectores que presentan los argumentos.

Estructura del texto argumentativo

La estructura de un texto argumentativo se divide en: introducción, desarrollo de los argumentos y conclusión. En función de la organización secuencial de sus componentes, se configuran dos tipos diferentes de textos argumentativos.

Los **argumentos** que apoyan las tesis pueden ser de diverso tipo:

De autoridad: contiene citas y opiniones de personas de reconocido prestigio.	*La situación educativa debe mejorar, según dijo el ministro.*
De experiencia personal: lo visto y vivido personalmente (suele ser poco riguroso).	*En esta tienda no devuelven el dinero. A mí ya me ocurrió hace tiempo.*
De semejanza: se defiende una opinión por su analogía o parecido a otra que nos convence.	*Alejandro argumenta que los padres de su amigo Luis, de su misma edad, le dejan ir a una fiesta, luego a él también le tienen que dejar.*
Argumento por generalización: se generaliza una tesis común a partir de varios casos parecidos, que se aplica a una nueva situación con las mismas características.	*La perrita labradora Nala tendrá una actitud muy buena con los niños. Wilma, Teo, Bob y Marcus son perros que se comportan de forma excelente con los niños y son perros labradores.*
De hecho: se juzga un hecho por sus consecuencias.	*La contaminación perjudica la salud. Las ciudades contaminadas han provocado enfermedades respiratorias en sus habitantes.*
Ad hominem: se rechaza no una idea, sino a quien la sostiene.	*No debemos considerar lo afirmado por M.ª Dolores, pues es una persona psicológicamente inestable.*

DEDUCTIVO	INDUCTIVO
Introducción	**Introducción**
Exposición de la tesis (opinión del autor o idea sobre la que se reflexiona).	Presentación de la situación inicial: hechos y protagonistas.
Desarrollo	
Presentación de los argumentos, las pruebas o las inferencias: Argumento 1 → Argumento 2 → Argumento 3…	
Conclusión	**Conclusión**
Resumen de lo expuesto: la tesis y los principales argumentos.	Exposición de la tesis como resultado de los argumentos expuestos.

Tu turno

1 Redacta un artículo de opinión poniendo en práctica los recursos aprendidos.

1.º Elige un tema polémico o sobre el que no haya una respuesta o situación clara, con el fin de que puedas ofrecer tu particular opinión y valoración de una forma crítica y argumentada: ¿qué deseas cambiar?, ¿qué te preocupa?

2.º Infórmate previamente sobre el tema. Busca en Internet o en la prensa escrita diferentes visiones que te ayuden a posicionarte y a expresarte con el conocimiento completo del asunto.

3.º Desarrolla un mínimo de cinco argumentos a favor de tu postura. Utiliza diferentes tipos de argumentos para reforzar la opinión defendida.

4.º Organiza y estructura las ideas de tu artículo según la disposición secuencial que escojas: deductiva o inductiva.

5.º Redacta el artículo empleando los recursos lingüísticos aprendidos que resalten tu presencia de escritor a lo largo de las ideas reflejadas.

6.º Idea un título para tu artículo según el giro o enfoque del tema que hayas ofrecido en el texto. Recuerda que debe ser un título sugerente, que llame la atención del lector a través de los recursos indicados.

7.º Revisa el artículo redactado en función de los siguientes elementos: ortografía, variedad en la argumentación, estilo crítico, valorativo y atractivo.

2 Una vez finalizados los textos en la clase, lee el redactado por uno de tus compañeros y realiza un comentario o valoración, afirmando o rebatiendo su opinión. Emplea diferentes tipos de argumentos a los ya escogidos en el texto inicial.

01 El texto

El texto o discurso es una unidad comunicativa que se caracteriza por tener **sentido completo** y **una finalidad concreta.**

Se puede componer de un único enunciado o de un conjunto de enunciados. Un enunciado, a su vez, puede tener estructura oracional o no tenerla:

TEXTO	COMPUESTO POR...
¡Cuidado!	Un enunciado sin estructura oracional (frase).
¡Cuidado! ¡Te están robando la cartera!	Dos enunciados: el primero sin estructura oracional (frase) y el segundo con estructura oracional.

Los textos pueden ser orales o escritos. En ambos casos, para ser considerados textos deben tener estas propiedades del mismo:

- **Adecuación** a la situación comunicativa.
- **Coherencia**, es decir, poseer un sentido completo y engarzado que haga que las partes de un texto estén relacionadas entre sí.
- **Cohesión**, presentar relaciones entre las unidades del texto (oraciones, palabras...) a través de unos mecanismos lingüísticos.

Un texto puede tener una **extensión** mínima de, incluso, un sonido o sílaba. En ese caso, ese sonido o sílaba representa toda la escala de posibles unidades lingüísticas y comunicativas del mismo.

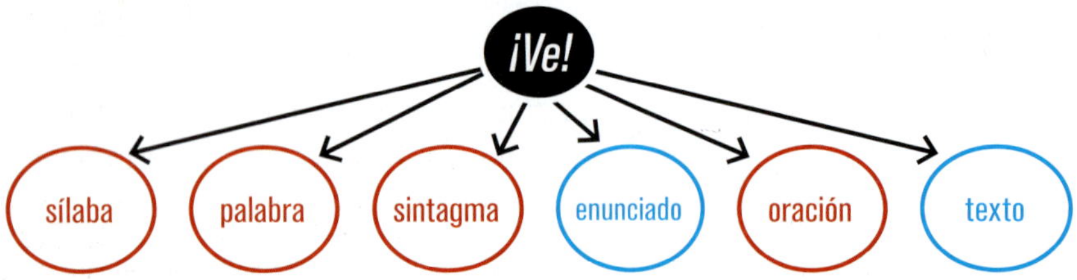

Pero puede también ser enormemente complejo. Como unidad de comunicación, puede considerarse texto un chiste, una novela, un libro de gramática, un anuncio publicitario, una noticia, un discurso en televisión, un poema...

Muchos de estos textos tienen su **estructura externa** propia. Así, por ejemplo, las novelas se suelen organizar por capítulos, los poemas agrupan las ideas expresadas por frases y oraciones en estrofas, y las obras teatrales se dividen en escenas, actos e intervenciones de diálogo. Pero, en el caso de los textos escritos, de modo general se entiende que la unidad organizativa superior a la oración es el párrafo.

> **párrafo.**
> (Del lat. *paragrăphus*).
> 1. m. Gram. Fragmento de un texto en prosa constituido por un conjunto de líneas seguidas y caracterizado por el punto y aparte al final de la última.

02 La adecuación

El texto, como unidad comunicativa que es, no existe si no tiene lugar en un **contexto extralingüístico** o **situación comunicativa.**

Son muchas las referencias que en los textos hay al contexto que los rodea. Por ejemplo, no es posible saber cuándo volverá el emisor del primer texto de abajo ni dónde está el libro del segundo, salvo que sepamos la hora de emisión, en un caso, y el entorno de emisión, en el otro:

Dependiendo de la **intención del emisor,** y lo que espera del receptor, el texto puede ser:

- **Informativo:** cuando se transmiten hechos o estados; según si se centra en una sucesión de acciones, el texto será **narrativo**; si elige mostrar los aspectos de una realidad, **descriptivo**; y si explica con orden las ideas, expositivo.
- **Persuasivo:** cuando se pretende convencer al receptor o bien obtener de él una respuesta; a estos se les llama textos argumentativos.
- **Literario:** cuando el emisor crea un texto con valores estéticos.

Para conseguir la adecuación en la relación entre emisor y receptor, el **registro** se debe adaptar a la situación comunicativa: es inadecuado usar un registro coloquial en una situación formal (una entrevista de trabajo, un ensayo) o un registro formal en una situación familiar (chat con amigos...). Estas variantes, así como las dialectales o locales propias del lugar donde ha crecido el emisor o donde se emite el texto dependen del contexto extralingüístico.

La adecuación también afecta a los **ámbitos de uso** (personal, académico, social) y los contenidos que se tratan en cada uno de ellos: textos científicos, humanísticos, periodísticos, publicitarios...

Dependiendo del **canal,** los textos pueden ser ser **orales** o **escritos.** Los textos escritos normalmente están hechos para perdurar y llegar a más de una persona (una novela, una noticia...), y por ello tienden a ser más cuidados y complejos que los orales. Cuando la comunicación es oral es más directa y cuenta con mayor cercanía entre emisor y receptor; es frecuente que se usen en ella elementos que cumplan una función fática, que consisten en la comprobación del funcionamiento del canal y la atención del receptor: *¿vale?, ¿oye?, ¿cómo?* Asimismo, muestran oraciones inacabadas, reformulaciones, rectificaciones, cambios en el orden lógico de las palabras...

El contexto literario

El desconocimiento del contexto puede llevar a una mala interpretación de un texto, o incluso a la imposibilidad de comprender lo que nos quiere decir. Es lo que ocurre, muchas veces, con los textos escritos en épocas pasadas, que solo revelan su mensaje cuando se conoce al autor y sus intenciones, las referencias culturales que muestra, etc. Por eso es importante conocer el contexto de las obras literarias para entenderlas bien.

03 La coherencia

La **coherencia** es una propiedad que poseen los textos por su naturaleza semántica: será coherente aquel texto cuyas partes se relacionen entre sí y se refieran a un mismo tema. Observa este ejemplo: *Está lloviendo muchísimo. Tendremos que posponer nuestra excursión.*

Este texto es coherente porque la realidad que evoca una excursión tiene que ver con el aire libre y la lluvia supone una dificultad para realizar esta actividad. Para que un texto sea coherente tiene que existir una **relación lógica** entre sus enunciados. La **unidad temática** (aquello de lo que trata un texto) es un elemento que dota de coherencia a los textos. En todos los textos se incluye información *compartida* por emisor y receptor, e información *nueva*. Esta puede, a su vez, convertirse en compartida y crear así una progresión temática.

> Mis primos y yo visitamos ayer la catedral de Sevilla. Sevilla es famosa, además, por sus Alcázares, pero no pudimos ver los Alcázares porque estaban cerrados. Los han tenido que cerrar mientras terminan las obras del tranvía.

Información compartida.

Información nueva.

También puede organizarse la información dividiendo el tema en subtemas.

> La oferta cultural de Madrid es impresionante. Hay exposiciones artísticas que puedes visitar sin tener que pagar un euro. El cine, aunque es caro, presenta una gran variedad de títulos. En el teatro, durante todo el año se suceden comedias y dramas.

Tema.

Subtemas.

La coherencia se manifiesta, además, en la presencia de una **estructura interna** acorde con la intención comunicativa, que se evidencia en diferentes tipos de textos. Así, en los textos **narrativos,** habitualmente encontramos la estructura cronológica, por la que se ordenan los hechos según ocurrieron; en los textos **descriptivos,** el orden es espacial; en los textos **argumentativos,** como hemos visto al principio de esta unidad al tratar el artículo de opinión, podemos encontrar estructuras inductivas o deductivas. El texto **dialogado** también tiene una estructura específica formada por intervenciones.

> Momo se retiró asustada, pero entonces contestó, casi sin querer:
>
> —Hola; yo soy Momo.
>
> De nuevo, la muñeca movió los labios y dijo:
>
> —Te pertenezco. Por eso te envidian todos.
>
> —No creo que seas mía —dijo Momo—. Más bien creo que alguien te habrá olvidado.
>
> Tomó la muñeca y la levantó. Entonces se movieron de nuevo sus labios y dijo:
>
> —Quiero tener más cosas.
>
> —¿Ah, sí? —contestó Momo, y reflexionó—. No sé si tendré algo que te vaya bien. Pero espera, que te enseñaré mis cosas y podrás decir qué te gusta.
>
> Michael Ende: *Momo.* Alfaguara

Secuencia narrativa de acciones.

Secuencia cronológica que organiza los turnos de palabras.

Intervenciones de diálogo.

ACTIVIDADES

1 Señala cuáles de las palabras de los textos siguientes necesitan del contexto para que su referente quede claro.

a. El perro que vimos ayer era más grande que este.

b. Aquí tenemos al ganador del trofeo de Tenis «Ciudad de Villarriba».

2 En un chat o foro aparecen características propias del texto oral, aunque sea escrito. Localízalas en este ejemplo e indica, asimismo, cómo se refleja el lenguaje no verbal (gestos, volumen…):

JavierR	Ufff Anele no digas eso :-o
Anele	Es broooooooma no te enfades, no
JavierR	Bueno, si es una broma no me importa ☺
Soy_yo	HolaaaaAAA, quién está ahí? Cómo va eso?
JavierR	Aquí echando las vacas de chat con Anele jajajajajaj
Soy_yo	Yo descansando, que ya toca, eh?
Anele	Eso, eso.

3 ¿Cómo deberían redactarse estas oraciones para que fueran adecuadas para el registro culto de la escritura?

a. Me parece inadmisible que en esta sociedad la panda vaya a su bola.

b. En lo que se refiere al problema del empleo juvenil, hay mucho *aprovechao* que los tienen *explotaos* por una miseria.

c. A ver si se ponen las pilas y se arreglan los conflictos internacionales.

4 Crea un texto coherente en el que los distintos enunciados evoquen esta imagen. El hecho de que los enunciados estén relacionados con aspectos de la misma imagen garantizará su coherencia.

5 Crea diferentes situaciones comunicativas para estos textos de modo que tengan significados distintos. Indica, en cada caso, cuál es la intención del emisor.

a. ¡Una moneda!

b. Ahora.

6 ¿Cuál es el tema que da coherencia a este texto? Indica en qué subtemas se divide. ¿Qué tipo de estructura interna presenta?

La caravana viajaba sin prisa hacia el Norte. El sol poniente incendiaba de rojo la altiplanicie que se extendía hasta más allá del horizonte. La debían atravesar por completo. Al caer la noche, entre dos luces, se buscaban refugios o se acampaba bajo las estrellas.

Entonces los muleros, después de agrupar los animales en improvisados corrales, encendían hogueras para cenar y cantaban viejas canciones de amor que traían ecos de un pueblo que había viajado durante mucho tiempo por el desierto y había dormido bajo las estrellas de todo el mundo conocido.

María Isabel Molina: *El señor del cero.* Alfaguara

7 Justifica que este texto es coherente a partir del tema y de la organización estructural.

Para poder utilizar los servicios de la estación de tren de Sants, en Barcelona, hay que pagar cincuenta céntimos. Luego me han contado que al menos en Atocha (Madrid) también pasa lo mismo; pero era la primera vez que yo veía algo así y me quedé pasmada. Tal vez ustedes piensen que se trata de una nimiedad y que cincuenta céntimos no es nada, más allá de un fastidio; pero la facilidad con la que aceptamos lo inaceptable me desalienta aún más. Tenemos unas tragaderas prodigiosas; por ejemplo, recuerdo la pachorra con la que asumimos todos, yo la primera, los pinchos en los bancos contra los indigentes. En España hay 600 000 familias que no tienen ingresos y muchas más que ganan tan poco que no pueden ni pagar el alquiler; para ellos cincuenta céntimos son algo, sobre todo si se les exige a cambio de un derecho elemental.

Rosa Montero: www.elpais.es (28-04-15)

04 La cohesión

La coherencia puede verse reforzada por elementos lingüísticos de cohesión, como en el siguiente ejemplo: *Está lloviendo muchísimo, **así que** tendremos que posponer nuestra excursión.*

Pero si un texto no es coherente por su sentido, el uso de elementos lingüísticos de cohesión no es suficiente para que lo sea. Así, por ejemplo, sería incoherente un texto como este: *Está lloviendo muchísimo, **así que** me he comprado un bolígrafo rojo.*

La **cohesión** es una propiedad que relaciona enunciados, partes del texto, así como el texto con el contexto comunicativo. Dicha cohesión se consigue mediante el propio uso de una serie de mecanismos lingüísticos.

La palabra *texto* procede de la misma raíz latina que *tejido:* un texto es aquel en que los elementos están entretejidos.

04.1 Mecanismos de referencia interna

La cohesión en un texto aparece, pues, en primer lugar, porque hay elementos que evocan a otros, que crean lazos entre un lugar y otro y que, por tanto, configuran la trama entretejida que da lugar al mismo. Estos mecanismos se agrupan en mecanismos de repetición gramatical y léxica y mecanismos de sustitución (incluida la elipsis, por considerarse sustitución por 0).

La repetición

Un texto resulta más cohesionado si en él se repiten categorías gramaticales. Por ejemplo, la repetición de un mismo tiempo verbal, de la misma persona o del mismo género y número en sustantivos y adjetivos son recursos lingüísticos que sirven como mecanismos de cohesión.

En el plano léxico, se utiliza la repetición de las siguientes formas:

- **Repetición** de la misma palabra, o de palabras con la misma raíz.
- Aparición de **sinónimos**: por tanto, repetición del significado; en ocasiones se trata de sinónimos contextuales, que no lo son desde un punto de vista estrictamente lingüístico, pero que pueden usarse como tales.
- Aparición de **elementos léxicos del mismo campo semántico**: por tanto, repetición de algún rasgo de significado, con la aparición del **hiperónimo** (*animal*) y/o sus hipónimos (*caballo, tigre, perro*...).

> Ayer conocí a un niño que no conocía el mar. Era un niño pequeño, de seis o siete años, que en dos días más marcharía a la costa. Cuando le pregunté si estaba contento —¡el mar, el mar!—, me dijo: «Por? Si ya lo vi mil veces por la tele». Hoy llueve una lluvia fina que se descuelga de un cielo gris y lácteo. Hace calor. Hay una luz verde y serena. De pronto, recordé una tarde exactamente igual a esta, con esta misma luz.
>
> Leila Guerreiro: www.elpais.es (11-03-2015)

Repetición gramatical de 1.ª persona del singular (*conocí-recordé-pregunté*).

Palabra de la misma raíz.

Palabras del mismo campo semántico (*mar-costa; gris-verde; calor-lluvia*).

Repetición de la misma palabra.

La sustitución

Un mecanismo de cohesión muy utilizado es la sustitución de un elemento del texto por otro. Específicamente los deícticos son determinantes y pronombres demostrativos. También lo son los pronombres relativos, puesto que por definición se refieren a un sustantivo que les sirve de antecedente:

*Este es el chico **que** [=el chico] llegó ayer de Madrid.*

- **La deixis**

A los elementos lingüísticos que señalan directamente al contexto extralingüístico (hablante, oyente, lugar, tiempo...) se les llama elementos deícticos (palabra que procede del verbo griego *señalar*). Cuando la referencia de estos elementos está en el contexto de comunicación, sirven para relacionar texto y contexto: *El accidente tuvo lugar **aquí**.*

La deixis puede ser espacial, temporal y personal, según la realidad a la que se refiera y los elementos que se utilicen para señalar hacia ella:

ESPECIAL	TEMPORAL	PERSONAL
Demostrativos (esto, aquellos...)		
Adverbios *(aquí, ahí...)* y adverbios relativos sin antecedente *(donde...)*	Adverbios *(ahora...)* y adverbios relativos sin antecedente *(cuando...)*	Posesivos *(mío, sus...)* y personales *(yo, vosotros...)*

- **Referencia fórica: anáfora y catáfora**

A la referencia textual o interna se le llama **foricidad**. En la oración *Ella me preguntó por el nombre de esa calle* no hay referencia interna. Pero sí la hay en: *Vi a **Marta** que andaba perdida en una avenida del centro; **la** saludé y **ella** me preguntó por el nombre de **esa** calle.*

Cuando la referencia es a algo ya dicho anteriormente, se llama **anafóra:** *Ella me invitó y **eso** me gustó;* mientras que si es a algo que se dice después se denomina **catáfora:** *Escucha bien **esto:** no me voy a dejar engañar.*

- **La elipsis (o sustitución por 0)**

Se llama **elipsis** a la supresión de algún elemento del texto porque se sobreentiende o porque ha aparecido anteriormente en el texto. La elisión de un elemento en un texto obliga a buscar dicho elemento, y de este modo se produce la cohesión:

Ana se compró un helado de fresa y Juan Ø de chocolate. → Elipsis dentro del sintagma nominal.

Mi prima llegó tarde y Ø tuvo que correr para coger el tren. → Elipsis del sujeto.

Estos mecanismos de sustitución se combinan y se unen a los de repetición para dotar de cohesión al texto.

" Ayer conocí a un niño que no conocía el mar. Era un niño pequeño, de seis o siete años, que en dos días más marcharía a la costa. Cuando le pregunté si estaba contento —¡el mar, el mar!—, me dijo: «¿Por? Si ya lo vi mil veces por la tele».

Leila Guerreiro: www.elpais.es (11-03-2015)

Deixis temporal

Anáfora: pronombre relativo cuyo antecedente es *niño.*

Anáfora: pronombre personal que se refiere a *el niño.*

Anáfora: pronombre personal que se refiere a *el mar.*

Elipsis: sujeto elidido.

ACTIVIDADES

8 En el siguiente texto se utilizan mecanismos de cohesión basados en la repetición gramatical. ¿Cuáles son? Señala los ejemplos que encuentres.

> Una de las cosas que amargan más la vida son los remordimientos. A veces se reducen a la resaca de una mala acción, pero no siempre. Hay que distinguir entre la culpa y el sentimiento de culpabilidad. El segundo es más peligroso: un enemigo que nos habita o con quien convivimos; que puede acercarse a nosotros sin precauciones ni invitaciones previas. La libertad, para ser absoluta, tendría que ser irresponsable. O sea, igual que la falta absoluta de libertad: si –a lo que se aspira en los conventos y cuarteles– uno hace voto de obediencia y lo cumple, nada podrá achacársele.
>
> Antonio Gala: www.elmundo.es (01-04-2015)

9 Clasifica los mecanismos léxicos de repetición que aparecen en este texto completando la tabla.

Misma palabra	Misma raíz léxica	Sinónimos (repetición de significado)	Palabras que se refieren a la misma realidad (sinónimos contextuales)	Mismo campo semántico (repetición de rasgos)

> Actualmente investigadores destacados aseguran que los efectos saludables de la risa son muy parecidos a los del llanto. Aseguran que llorar no solo viabiliza el desahogo y ayuda a la distensión de emociones negativas, sino que aumenta la capacidad de razonar con más lógica aquella situación que vivimos.
>
> Normalmente hemos asociado el hecho de llorar con estados de ánimo bajos o incluso depresivos. Lejos de la realidad, está demostrado que los pacientes depresivos lloran menos que las personas que no sufren este trastorno del estado del ánimo. Este hecho se explica con una sencilla razón: los pacientes depresivos muestran más indiferencia y apatía, menos pasión y un aumento en el aislamiento de la realidad que les rodea, es decir, poco les hace reír, pero también es poco lo que les hace llorar.
>
> Lucía Madera del Río: www.hoy.es (01-04-2005)

10 Continúa los siguientes textos empleando pronombres como mecanismo de cohesión.

a. Los datos sobre hábitos de lectura en España no parecen tan preocupantes.

b. El remedio contra la violencia a veces está en nuestras manos.

c. Los conflictos no se resuelven mediante la fuerza.

d. En mi opinión, todos deberíamos pasar por un puesto de responsabilidad.

11 Señala los casos de anáfora y catáfora que aparecen en estos textos.

a. Los datos revelan que la juventud es solidaria, y eso me tranquiliza.

b. Es una opinión personal, pero este tema, el futuro de nuestros jóvenes, es quizá el más importante que se nos plantea hoy.

c. Cuando dices tu opinión, puedes completarla con algún dato o ejemplo.

d. Ante tu propuesta, no puedo evitar decirlo: no me parece que esa sea la solución adecuada.

12 Copia el siguiente texto en tu cuaderno e indica aquellas palabras que se utilizan como mecanismos de cohesión por sustitución. A continuación, señala con una flecha cuál es la expresión a la que sustituyen.

Me lo han dicho más de una vez: «Tú sí que lo tienes bien, que trabajas en casa». Aunque no siempre es así, es cierto que habitualmente la mayor parte del trabajo lo hago sin salir a la calle. Quizá porque me paso algunas horas escribiendo en mi pequeño despacho, me gusta salir a la calle. Es una forma de desintoxicarme de mí mismo y navegar un rato por este tipo de lago compartible que es el barrio, donde los estímulos se renuevan cada día para mí.

Como he dicho, de vez en cuando alguien me dice que me envidia por no tener que moverme de casa. Lo entiendo.

Josep M. Espinàs: www.elperiodico.com (22-03-2015)

13 En este texto, se han señalado con una [Ø] los lugares donde se ha elidido algún elemento. Completa el elemento elidido. En el último párrafo, no se ha indicado la elisión, así que deberás localizar tú los momentos en que se ha usado este mecanismo.

Iker [...] se reía con sus ocurrencias. En casa había un escáner, pero [Ø] estaba en el cuarto de trabajo de su padre y raramente [Ø] podía experimentar con él.

De todos modos, [Ø] tampoco tenía el photoshop metido en su disco duro. Alguna vez [Ø] había visto cómo funcionaba [Ø] en casa de Santi y lo había probado, pero [Ø] se había limitado a hacer unos dibujos, y [Ø] no se le daba muy bien. Estaba claro que a Aleix sí se le daba [Ø] y [Ø] sospechó que [Ø] habría necesitado montones de horas para llegar a dominarlo de aquella manera.

—¡[Ø] Estamos perdiendo el tiempo! —exclamó Sara al cabo de un rato—. Se trata de envejecer las caras, no [Ø] de hacer el payaso.

Su hermano soltó un bufido, borró las imágenes y comenzó de nuevo. De las cuatro personas que aparecían en la foto, eligió al del bigote y la guitarra; llevaba el pelo largo y era el que más pinta de bohemio tenía y, también, el más próximo al objetivo, por lo que su cara parecía más grande.

Toti Martínez de Lezea: *Muerte en el priorato.* Alfaguara

04.2 Los conectores textuales

Además de los procesos de referencia interna, hay otros mecanismos que sirven para engarzar o conectar los enunciados que componen un texto. Se les llama **marcadores,** puesto que indican, es decir, marcan, la relación que existe entre el texto y los participantes de la comunicación, o bien entre las partes de un texto.

En el primer caso, facilitan la interpretación del enunciado cuando indican el punto de vista del emisor: ***Lamentablemente****, no llegamos a tiempo de coger el tren.*

Además, pertenecen a esta categoría los elementos destinados a interpelar al oyente o los que tienen una función fática dentro del discurso *(en fin, pues, bueno...).*

En el segundo caso, realizan una función de cohesión textual, ya que relacionan enunciados: *Se mezclan todos los ingredientes, y,* ***finalmente,*** *se introduce la mezcla en el horno.*

Características de los conectores

- Suelen aparecer marcados con pausas en la entonación o comas, en la escritura: *Por cierto, no te he comentado lo más interesante.*
- Son invariables, dado que la mayoría se corresponden con adverbios o locuciones adverbiales o conjuntivas. *Llegó tarde; por tanto, perdió el tren.*
- No tienen significado léxico externo, sino que sirven para guiar al receptor en el procesamiento del texto. Por eso, cada tipo de texto tiene unos conectores específicos según se trate de narraciones, descripciones, argumentaciones... Muchos tienen valor deíctico: *Llegó tarde; por eso, perdió el tren.*

Tipos de conectores textuales

Según la información que aportan y la relación que con ellos se establece entre las partes del texto, podemos distinguir estos tipos de conectores:

- **Organizadores** de la información: sirven para ordenar el razonamiento en el discurso *(en primer lugar, por último...)* o ponderar su importancia *(principalmente, por cierto...).* Suelen aparecer en los textos expositivos y argumentativos.
- **Aditivos y contrastivos:** añaden información a lo ya dicho *(incluso, además...)* o contraponen la información de un enunciado al de otro *(en cambio, por otro lado...),* respectivamente. Dentro de los conectores aditivos se incluyen los **de refuerzo** *(en realidad, de hecho...)* y **de concreción** *(por ejemplo, en particular...),* que sirven para insistir y ejemplificar sobre lo ya dicho, y son muy frecuentes en los textos expositivos y argumentativos.
- **Consecutivos y causales:** indican relaciones de causa-efecto entre enunciados *(así pues, por tanto...).* Son frecuentes en los textos argumentativos.
- **Reformuladores:** no relacionan enunciados de contenido distinto, sino que vuelven a mostrar el contenido del enunciado anterior, bien explicándolo *(o sea, es decir...),* matizándolo *(mejor dicho, de todos modos...)* o haciendo una recapitulación *(en conclusión, en suma...).* Son frecuentes en los textos expositivos y argumentativos.

> Nos encontramos, por tanto, ante una bastante generalizada falta de prestigio social de la lectura que probablemente oculte una incapacidad real para leer. Dicho de otro modo: el acto de leer se ha transformado en un acto altamente dificultoso y, para muchos, imposible. Me refiero, claro está, a leer un texto que vaya más allá de la instrucción de manual, del mensaje breve o del titular de noticia.
>
> Rafael Argullol: www.elpais.es (6-03-2015)

Conector consecutivo.

Conector reformulador.

Conector de refuerzo.

ACTIVIDADES

14 Señala qué conectores sirven para unir enunciados y cuáles se refieren a los elementos de la situación comunicativa.

> Cuando se acerca el buen tiempo, como es el caso, son muchos los que se plantean perder peso. Ocurre cada año y seguirá ocurriendo. Para ello, existen multitud de dietas. Pero, cuidado, porque algunas se anuncian como revolucionarias, incluso mágicas, o vienen avaladas por presuntos doctores que saben más que nadie, y mi experiencia como consumidor informado y responsable me dice que no te servirán de mucho [...]. Evidentemente, hay dietas que funcionan, aunque no a todo el mundo por igual. Pero otras no, para nadie.
>
> Justo Leal: www.20minutos.es (25-03-2015)

15 Distingue entre los casos en que los adverbios y locuciones se refieren solo al verbo y aquellos en que son marcadores textuales para indicar la perspectiva del emisor.

a. Afortunadamente, terminó el trabajo a tiempo.

b. Terminó el trabajo apresuradamente.

c. No llovió el día de la excursión, por suerte.

d. Aquel trabajo no lo obtuvo por sus méritos sino por suerte.

16 Utiliza con dos sentidos diferentes el conector *entonces*.

17 Di si los conectores señalados son aditivos o contrastivos.

a. «El problema del movimiento rápido desbordaba incluso un talento como el suyo.»

b. «Ahora bien, en el mundo real operan siempre fuerzas exteriores sobre los objetos en movimiento.»

c. «El taladro giró en vano, sin hacer mella en el metal; pero en cambio producía aún más calor que uno nuevo.»

d. «Además, sabían inmediatamente que se refería a una clase particular de lobo, el lobo gris europeo.»

Isaac Asimov: *Grandes ideas de la ciencia.* Alianza

18 Emplea reformuladores para continuar con los textos siguientes. Di de qué tipo son los que has usado en cada caso.

a. Tenemos en el jardín dos plantas angiospermas.

b. Durante la ceremonia portaba las arras.

c. En la escuela le explicaron las normas de convivencia.

19 Localiza en el siguiente texto conectores de estos tipos que presentamos:

- Organizador de la información.
- Reformulador.
- Aditivo de concreción.
- Consecutivo.
- Aditivo.
- Aditivo de refuerzo.

> Vamos a detallar entonces la serie de diferentes motivos que tienes para tus comportamientos matutinos. Ya sabes lo que es un «motivo» en el sentido que recibe la palabra en este contexto: es la razón que tienes o al menos crees tener para hacer algo, la explicación más aceptable de tu conducta cuando reflexionas un poco sobre ella.
>
> En una palabra: la mejor respuesta que se te ocurre a la pregunta «¿por qué hago eso?». Pues bien, uno de los tipos de motivación que reconoces es el de que yo te mando que hagas tal o cual cosa. A estos motivos les llamaremos órdenes. En otras ocasiones el motivo es que sueles hacer siempre ese mismo gesto y ya lo repites casi sin pensar, o también el ver que a tu alrededor todo el mundo se comporta así habitualmente: llamaremos costumbres a este juego de motivos. En otros casos –los puntapiés a la lata, por ejemplo– el motivo parece ser la ausencia de motivo, el que te apetece sin más, la pura gana.
>
> Fernando Savater: *Ética para Amador.* Ariel

20 Di de qué tipo son los conectores subrayados.

> Notemos la diferencia entre estas dos frases casi idénticas: «Voy a contratar a un periodista que *logra* primicias» / «Voy a contratar a un periodista que *logre* primicias». En el primer ejemplo, el hablante conoce a ese periodista, ya lo tiene incluso al alcance. En el segundo, ni lo conoce ni ha empezado a buscarlo. Es irreal todavía.
>
> [...] De tal manera, lejos de colocar el error en un ámbito de realidad, lo sitúa en el modo de lo imaginario.
>
> Álex Grijelmo: www.elpais.es (05-04-2015)

EVALUACIÓN

El demógrafo estadounidense James Vaupel dijo hace unas semanas que es probable que el 50% de los niños nacidos en España en 2014 lleguen a cumplir cien años. España, ya se sabe, es uno de los países más longevos del mundo. Actualmente la esperanza media de vida es 82,2, a solo unas décimas de los dos primeros, Japón y Francia. Y no es solo España: ahora mismo hay casi 500.000 personas en el mundo con más de cien años. La longevidad, que antes era una rareza que parecía propia de los patriarcas bíblicos, hoy es algo que empieza a ser bastante común.

Como nadie quiere morirse, se diría que estas son buenas noticias. Pero a mí la verdad es que me inquietan un poco. Es evidente que viviremos mucho más, pero ¿en qué condiciones físicas y sociales, a qué precio? Hay que prepararse para ese futuro. Siempre me ha parecido absurda e incluso algo suicida la poca atención que se presta a los ancianos en nuestro país. Es como si la gente no quisiera hablar de los viejos, como si no deseáramos recordar que todos vamos hacia allá [...].

Siempre he pensado que la vejez es la época heroica de la existencia. Puede ser un trayecto muy duro y muy difícil («hacerse mayor no es para blandengues», reza un refrán estadounidense), pero también emocionante y pleno. De hecho, creo que una buena vejez puede rescatar y redimir una mala vida. Pero para ello tenemos todos que cambiar nuestros prejuicios [...]. Hace un par de años el Fondo Monetario Internacional mostró en un informe su preocupación por el «riesgo» de que la gente viva más. Los viejos son tan irresponsables que se empeñan en no morirse. [...] No hay que resignarse a ser viejos, hay que reinventar una nueva vejez. Estamos batiendo récords sociales de supervivencia y el mundo al que nos dirigimos tendrá que ser por fuerza distinto.

Rosa Montero: www.elpais.es (23-04-2014)

1 ¿Cuál es el tema del artículo?

2 Señala la estructura interna del texto, indicando cuál es la idea principal y cuáles son las secundarias. Justifica que es un texto coherente.

3 Explica el sentido de las siguientes expresiones:

a. «La longevidad, que antes era una rareza que parecía propia de los patriarcas bíblicos, hoy es algo que empieza a ser bastante común».

b. «No hay que resignarse a ser viejos, hay que reinventar una nueva vejez».

4 ¿Por qué, para la autora, los ancianos son héroes?

5 En un debate sobre «¿Es un problema que haya muchas personas mayores en un país?», ¿cuál sería la postura de la autora? Imagina que tú mismo, en ese debate, tienes que apoyar una de las dos posturas. Apunta al menos cinco argumentos que utilizarías y, para cada uno de ellos, piensa en una posible respuesta de alguien que opine lo contrario. A continuación, practica una exposición en la que aportes al menos dos de tus argumentos en menos de dos minutos. Emplea los otros tres para redactar un breve artículo-comentario que complemente a este.

6 Clasifica los recursos lingüísticos subrayados según lo que representen:

Tono irónico	
Presencia del autor	
Reclamo de la figura del lector	
Léxico valorativo	
Lenguaje coloquial	

7 La autora recurre a una fuente de autoridad para aportar datos. ¿Cuál es? También recurre a dos argumentos de autoridad: uno que apoya su postura y otro que presenta una opinión que ella rebate. Localiza estos argumentos.

8 En los dos primeros párrafos hay conectores que marcan la actitud de la escritora hacia lo que dice, dando por supuesto que la información es conocida. ¿Cuáles son? ¿Qué otros podría haber utilizado?

9 Explica qué tipo de mecanismos de cohesión por repetición se han empleado en el primer párrafo. A continuación, señala los elementos de cohesión por sustitución en el segundo.

10 ¿Con qué intención se utiliza el conector de hecho? ¿De qué tipo es?

EVALUACIÓN

1 Completa el siguiente mapa conceptual.

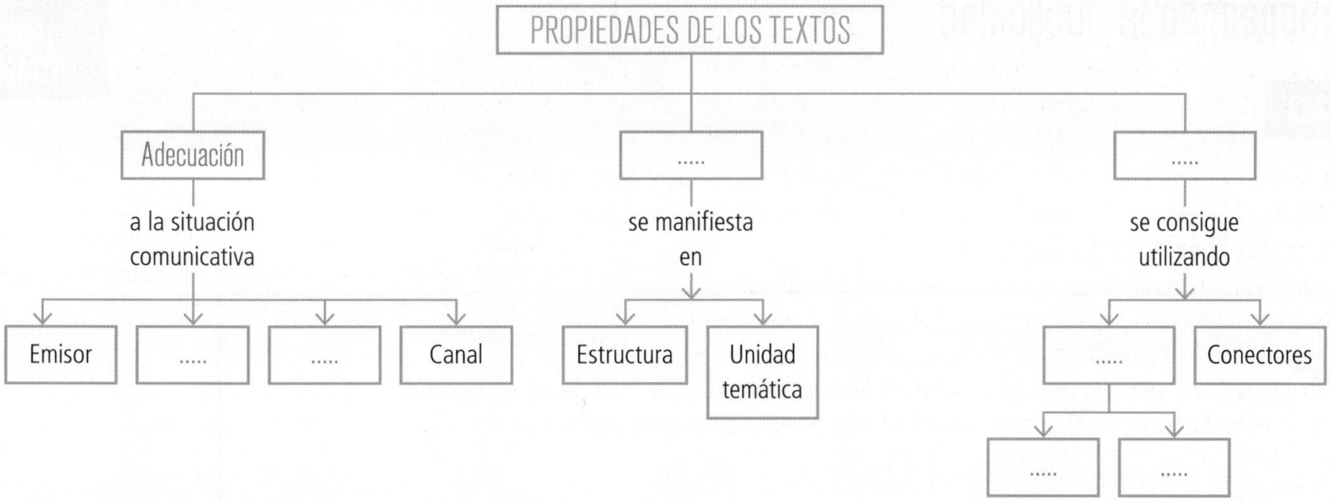

2 Imagina que eres el moderador de un debate. Resume en tres normas básicas las reglas que han de seguir las personas que van a intervenir en el mismo.

3 No siempre los argumentos convencen. Escribe ejemplos con dos argumentos de los siguientes tipos: uno que creas que es un buen argumento y otro que creas que no lo es. Indica qué tipos de argumentos se prestan más a que la argumentación sea convincente.

- Argumento de autoridad.
- Argumento de experiencia personal.
- Argumento de universalidad.
- Argumento de semejanza.
- Argumento por generalización.
- Argumento de hecho.
- Argumento *ad hominem.*

4 Escribe las primeras líneas de cuatro ejemplos que sean adecuados a las situaciones comunicativas y las tipologías textuales que se describen a continuación.

a. Una conferencia sobre botánica para un segundo curso de Bachillerato de un IES en Madrid.

b. Una tarjeta de invitación de boda.

c. Un mensaje en el contestador automático de un amigo animándolo a asistir a tu fiesta de cumpleaños.

d. Una carta al Ministerio de Educación solicitando una beca de estudios para ir al extranjero.

5 Utiliza conectores de los tipos que se indican para relacionar los fragmentos de textos siguientes. Di, además, si se trata de organizadores:

- Aditivos / contrastivos.
- Consecutivos / causales.
- Reformuladores.

Creo que la situación es insostenible.	De refuerzo	*Algunas familias necesitan ayuda urgente para subsistir.*
Se han tomado muchas decisiones equivocadas.	De concreción	*Eliminar las ayudas sociales.*
En aquel momento la situación era difícil.	De contraste	*Ahora es mucho más fácil actuar.*
La juventud tiene grandes problemas para acceder al mercado laboral.	Consecutivo	*Hay que crear oficinas de orientación.*
Se ha alcanzado el punto óptimo en la evolución del problema.	Explicativo	*En este momento se dan las condiciones más adecuadas para resolverlo.*
En la democracia, el pueblo tiene la posibilidad de elegir.	Matizador	*Selecciona con su voto a quienes tomarán las decisiones.*

DIARIO DE APRENDIZAJE

¿Para qué te ha servido lo que has estudiado en esta unidad?

TRABAJO COOPERATIVO

Flippeando la publicidad

EN CASA

A continuación te presentamos algunas tareas que deberás resolver en casa para, después, completar las actividades que realizaremos todos juntos en clase. Presta atención y anota todas las dudas que te surjan.

1 Análisis del vídeo

Accede en YouTube al vídeo *¿Qué es publicidad?,* de la Universidad de las Américas (UDLA) de Quito. Céntrate en el primer minuto y medio y responde a estas preguntas:

- ¿Qué es la persuasión? ¿Qué tiene que ver con la publicidad?
- Explica cuáles son los aspectos clave que se citan en los pilares 1 y 2.
- Enumera los cinco medios que se citan en el vídeo, ¿qué sabes de cada uno de ellos?

2 Análisis de eslóganes

Busca en la web www.elpublicista.es el apartado de *Eslóganes,* selecciona diez y comenta lo que más te llama la atención o te gusta de cada uno de ellos.

3 Anotaciones

Cuando hayas terminado las tareas 1 y 2, anota en tu cuaderno tus dificultades, tus dudas, tus curiosidades...

EN CLASE

Estas sesiones de clase están orientadas a aplicar todo lo que has aprendido y reflexionado a partir de las actividades que has realizado en casa.

1 Recopilación de información

En los grupos de trabajo habituales, crearemos un tablero de Pinterest donde recopilaremos anuncios relacionados con temas sociales. Como sugerencia, cada grupo puede buscar anuncios de una temática determinada.

2 Análisis de la campaña publicitaria

Una vez recopilados los distintos anuncios, analizaremos los siguientes aspectos de cada uno:

- Características del lenguaje del eslogan.
- Relaciones entre la imagen y el texto.

Como producto de esta parte, cada grupo debe elaborar un informe breve en Google Drive con las conclusiones extraídas del análisis de las campañas publicitarias. En estas conclusiones se deben incluir ejemplos de los textos publicitarios y una explicación en dos líneas de los elementos identificados y del significado. Lo ideal es conseguir un documento único con las ideas claves a partir del trabajo de cada grupo.

TRABAJO COOPERATIVO

PBL. Entrevista a un famoso

El siguiente problema debéis resolverlo en grupo. Después de leerlo, el profesor os indicará con qué recursos contáis para el trabajo y cómo debéis presentar el producto final.

"

Un grupo de prestigiosos periodistas ha decidido fundar una nueva cadena de radio que se escuchará a nivel nacional. La directora será una famosa y reconocida comunicadora. Esta periodista ha pensado en invitar al primer programa a los escolares de distintos centros para que sean ellos mismos los protagonistas de las primeras entrevistas que se vayan a realizar. Los alumnos, que están entusiasmados con la idea, deberán elegir alguna persona célebre, conocida por su trayectoria cultural, científica, deportiva, artística o política para realizarle la entrevista.

La directora les pide con anterioridad un guion en el que se presente un simulacro de este encuentro con el personaje famoso. Pueden enviárselo en el formato que deseen: grabado en un archivo de audio o de vídeo. El mejor trabajo tendrá como premio la posibilidad de entrevistar en directo a la persona que hayan seleccionado.

Evalúa tu **talento emprendedor**

Te proponemos que realices esta autoevaluación teniendo en cuenta el trabajo que has desarrollado en alguna de las propuestas de este trimestre. Copia en tu cuaderno la valoración en la que te sitúas para cada uno de los ítems propuestos y justifica tu respuesta.

AUTOEVALUACIÓN

	NIVEL MAESTRO	NIVEL AVANZADO	NIVEL APRENDIZ	NIVEL INICIAL
1. Utilizas de modo eficaz el lenguaje para relacionarte mejor y lograr objetivos en tus interacciones sociales.	He utilizado con eficacia el lenguaje para el desarrollo de mis tareas.	He utilizado el lenguaje con un nivel suficiente para lograr terminar adecuadamente las tareas.	He utilizado el lenguaje, pero necesito hacerlo con más eficacia para lograr mejores resultados.	Necesito mejorar mi uso del lenguaje, ya que mis resultados no me satisfacen del todo.
2. Cooperas y trabajas en equipo con otras personas de tu entorno académico y social, fomentando relaciones constructivas.	Se me ha dado muy bien cooperar y trabajar en equipo, haciendo que otros también colaboren y cooperen.	Me ha gustado cooperar y trabajar en equipo, aunque a veces he tenido dificultades para trabajar con algunas personas.	He tenido dificultades para cooperar, me falta saber cómo hacerlo y tener más experiencia.	Me ha costado trabajar en equipo, ya que prefiero hacer las cosas por mí mismo, que es lo que he hecho siempre.
3. Disfrutas observando y conociendo diversas creaciones culturales y expresando tu talento en varios formatos y artes.	Me ha gustado mucho la actividad cultural que hemos realizado y se me han ocurrido buenas ideas para expresar y desarrollar mis talentos artísticos.	Me ha gustado en general la actividad cultural y algunas cosas me han inspirado ideas para desarrollar mi talento.	Me ha parecido una actividad más de las que hacemos, con algún matiz interesante del que puede sacarse alguna idea.	En general, no me gustan este tipo de actividades, y creo solo sirven para que la gente se entretenga y lo pase bien trabajando en grupo.

Opiniones de los estudiantes

"

Hay mucha gente en el mundo muriéndose de hambre y enfermedades, mientras nosotros nos preocupamos más de los avances futuros. Dejamos atrás a esa gente intentando olvidarlos y seguir adelante. Las grandes compañías gastan billones de pesetas cada año en la investigación espacial. Si el dinero gastado en la exploración del espacio se empleara en beneficio del necesitado y no del codicioso, se podría aliviar el sufrimiento de millones de personas.

Ana

"

El desafío de explorar el espacio es fuente de inspiración para mucha gente. Durante miles de años hemos estado soñando con el universo, deseando comunicarnos con algo que solo imaginamos que existe, anhelando saber... ¿Estamos solos?

La exploración del espacio es una metáfora del conocimiento y el conocimiento es lo que mueve nuestro mundo. Mientras que los realistas siguen recordándonos nuestros problemas actuales, los soñadores amplían nuestras mentes. Son las visiones, esperanzas y deseos de los soñadores los que nos conducirán al futuro.

Beatriz

"

Nos cargamos las selvas tropicales porque hay petróleo en el subsuelo, excavamos minas en terreno sagrado para obtener uranio. ¿Destruiríamos también otro planeta solo por conseguir la solución a problemas creados por nosotros mismos? ¡Por supuesto!

La exploración del espacio confirma la poderosa creencia de que los problemas del hombre pueden solucionarse mediante nuestra siempre creciente dominación del medioambiente. Los seres humanos seguirán creyendo que tienen derecho a abusar de los recursos naturales como los ríos y las selvas tropicales, si saben que siempre queda otro planeta a la vuelta de la esquina esperando ser explotado.

Hemos hecho suficiente daño a la Tierra. Deberíamos dejar tranquilo el espacio exterior.

Diego

"

Los recursos de la Tierra están desapareciendo a gran velocidad. La población de la Tierra está creciendo a un ritmo desenfrenado. La contaminación ha producido un agujero en la capa de ozono. La vida no puede mantenerse si continuamos viviendo de este modo. Las tierras fértiles se están agotando y pronto nuestros recursos alimentarios se reducirán. Ya hay casos de hambre y enfermedades causados por la superpoblación.

El espacio es una enorme región vacía que podemos usar en nuestro beneficio. Apoyando la exploración del espacio, podremos encontrar un día un planeta donde vivir. De momento, esto parece impensable, pero la idea de viajar por el espacio parecía imposible en el pasado. Interrumpir la exploración del espacio para resolver problemas inmediatos muestra una gran estrechez mental y una visión a corto plazo. Debemos aprender a pensar no solo en esta generación sino en las generaciones futuras.

Félix

"

Ignorar lo que la exploración del espacio tiene que ofrecer sería una gran pérdida para la humanidad. Las posibilidades de alcanzar una mayor comprensión del universo y sus orígenes son demasiado valiosas para desaprovecharlas. El estudio de los cuerpos celestes ya ha aumentado nuestra comprensión de los problemas medioambientales y del posible futuro de la Tierra si no aprendemos a gestionar nuestras actividades.

También hay beneficios indirectos de la investigación para los viajes espaciales. La creación de la tecnología láser y otros tratamientos médicos puede atribuirse a la investigación espacial. Substancias como el teflón, el grafito y la baquelita han sido descubiertas gracias al interés de la humanidad por los viajes espaciales. Por lo tanto, las nuevas tecnologías creadas para la investigación espacial pueden tener beneficios inmediatos para todo el mundo.

Teresa

fuente: INEE

Los textos anteriores fueron escritos por estudiantes en el último año de colegio. Consúltalos para contestar a las preguntas que siguen a continuación.

PREGUNTAS

1 ¿Cuál de las preguntas parecen estar contestando los estudiantes?

a. ¿Cuál es el problema más importante al que se enfrenta el mundo hoy?

b. ¿Estás a favor de la exploración del espacio?

c. ¿Crees en la vida más allá de nuestro planeta?

d. ¿Qué avances recientes ha habido en la investigación espacial?

2 ¿Cuál de los autores contradice más directamente la exposición de Félix?

a. Diego. b. Ana. c. Teresa. d. Beatriz

3 Pensando en las principales ideas expuestas por los cinco estudiantes, ¿con cuál de los estudiantes estás más de acuerdo? Explica tus razones haciendo referencia a tu propia opinión y a las principales ideas expuestas por el estudiante.

4 Algunas afirmaciones son cuestiones de opinión, basadas en ideas y valores del autor. Otras afirmaciones son cuestiones de hecho, que pueden ser probadas. Indica si cada una de estas es una cuestión de opinión o de hecho.

a. «La contaminación ha producido un agujero en la capa de ozono». (Félix).

b. «Las grandes compañías gastan billones de euros cada año en la investigación espacial». (Ana).

c. «La exploración del espacio refuerza la peligrosa creencia de que los problemas humanos pueden resolverse mediante nuestro siempre creciente dominio del entorno natural». (Diego).

d. «Interrumpir la exploración del espacio para resolver problemas inmediatos demuestra una gran estrechez mental y una visión a corto plazo». (Félix).

Tuerto, maldito y enamorado

Rosa Huertas

Nació en Madrid. Es doctora en Ciencias de la Información y licenciada en Filología Hispánica. Especialista en literatura infantil, realizó su tesis doctoral sobre literatura juvenil española. Actualmente trabaja como profesora de Lengua y Literatura en un instituto madrileño. Le gustan las historias de misterio que aúnan presente y pasado y en las que se cuelan los personajes reales, como lo hace Lope de Vega en esta novela. Disfruta paseando por Madrid, ciudad en la que vive, muy cerca de la Plaza Mayor; si vas con ella por la calle, te contará la historia de cada edificio, las anécdotas y los sucesos que ocurrieron hace siglos en esos mismos lugares. Colecciona cuadernos y los utiliza para escribir las impresiones de sus viajes y los acontecimientos que merece la pena recordar, porque, como dice su frase favorita: «Lo que está escrito es como si hubiera pasado siempre». Si quieres saber algo más sobre ella y el resto de sus novelas, lo encontrarás en su página web: www.rosahuertas.com.

ARGUMENTO

La vida de la asustadiza Elisa da un vuelco el día que decide ayudar a su hermana a preparar un trabajo de Literatura.

Tras las estanterías de la biblioteca del instituto habita un fantasma tuerto sobre el que pesa una terrible maldición. El espectro ha perdido la memoria y solo descansará en paz cuando recuerde su nombre y el de la mujer que ama. Elisa es la única que puede ayudarlo, pero para ello deberá resolver algunos misterios e indagar en la vida de Lope de Vega, el dramaturgo que lo maldijo por algo que tampoco logra recordar.

Su amigo Ricardo y su hermana Carmen acompañarán en su cometido a Elisa, aunque ignoran toda la verdad, aquella que queda más allá de la realidad.

Las calles de Madrid serán el escenario de una terrorífica aventura, porque, cuando decides ayudar a un espectro, los demás también te persiguen en busca de auxilio.

TEMAS

Biografía

1 La vida y obra de Lope de Vega como elemento clave de la trama.

Amistad

2 La amistad y las relaciones familiares en situaciones de crisis y ruptura.

Amor

3 Fuente de inspiración y también sentimiento destructivo.

4 La evolución de los sentimientos de la protagonista con respecto al fantasma.

Los límites de la realidad

5 La realidad frente a los sucesos paranormales. Lo desconocido y lo que traspasa los límites de la realidad. La falta de límites entre la realidad y la imaginación.

6 La novela plantea la posibilidad de entrar en comunicación con los muertos.

Miedo

7 Las situaciones que causan temor: la soledad ante lo desconocido, las personas extrañas, el rechazo, la oscuridad...

Huye de mí, rubio

Óscar Esquivias

Nació en Burgos. Licenciado en Filosofía y Letras, desde que comenzó a publicar se ha revelado como uno de los autores más prometedores en lengua castellana. Ha ganado ya los premios literarios Arte Joven de Madrid y Ateneo Joven de Sevilla. Además, ha fundado y dirige la revista de creación literaria *Calamar*. Es también colaborador habitual de varias publicaciones.

ARGUMENTO

Ismael, hijo de padres separados cuyas relaciones no son en absoluto cordiales, va a pasar un mes de vacaciones con su padre, ingeniero en una presa en una república centroamericana. Ismael describe la relación con sus progenitores como algo distante: su padre está siempre ocupado con el trabajo y su madre con sus relaciones personales. Una vez en la República, se dará cuenta de que a pesar de ser un país con una cultura muy próxima a la suya, también es muy diferente: la miseria y la necesidad hacen que la gente se comporte de forma violenta y que incluso llegue a perder el miedo a la muerte en la búsqueda de unos ideales a veces discutibles. Tras una serie de peripecias, Ismael va a parar al campamento de una organización guerrillera que lo confina en medio de la selva. Esto le hace comparar su tranquila vida en Barcelona y los agradables veraneos con su madre en un lujoso hotel de Santander con su nueva situación, y empieza a valorar de otra manera las relaciones personales al observar el sufrimiento de tanta gente.

TEMAS

Retrato sociopolítico

1 Reflejo de una parte de Centroamérica maltrada por caciques y dictadores cuyo único interés es la ambición personal.

Infancia

2 La pérdida de la infancia de los niños y jóvenes guerrilleros.

Reclutamiento

3 El reclutamiento indiscriminado de niños en algunos conflictos armados, sobre todo en aquellos donde los enfrentamientos provocan gran cantidad de muertos.

Violencia

4 Agresión, extorsión y secuestro para reivindicar derechos de carácter político.

Familia

5 La relación que mantienen padres y madres separados con sus hijos y entre sí.

Realidad social

6 El poco valor de la vida humana en lugares con una alta tasa de natalidad y grandes diferencias económicas y sociales.

Expolio

7 El robo del patrimonio cultural y su venta ilegal.

ORTOGRAFÍA I: LAS LETRAS

La letra *b*

Se escriben con *b:*

- Las palabras que empiezan con *bibl-, bu-, bur- y bus-: biblioteca, butano. (Hay algunas excepciones como vudú).*
- Las palabras que empiezan por *bi-, bis-* o *biz-: bianual, bisnieto, bizcocho.*
- Las formas verbales de *deber, beber, caber, saber, haber* y *sorber* y sus derivados: *sabio, hubiera, sorbete.*
- Los verbos cuyo infinitivo termina en *-bir* y *-buir,* excepto *hervir, servir, vivir* y sus compuestos: *recibir, distribuir.*
- Las terminaciones del pretérito imperfecto de indicativo de los verbos de la primera conjugación y del verbo *ir: nadaban, ibais.*
- Las terminaciones *-bilidad, -bundo* y *-bunda,* excepto *movilidad* y *civilidad: culpabilidad, nauseabundo.*
- Los elementos compositivos *bio, bene- o bien-: biografía, microbio, benévolo.*
- Las palabras en que este sonido sigue a la sílaba *tur-: turbina, disturbio.*

La letra *v*

Se escriben con *v:*

- Las palabras que comienzan por *eva-, eve-, evi-* y *evo-: evocar.* (Excepciones como *ébano* y sus derivados).
- Los verbos cuyo infinitivo termina en *-olver: revolver, revolvió.*
- Las terminaciones de los adjetivos llanos *-avo, -ava, -evo, -eva, -eve, -iva, -ivo: bravo, octava, nuevo, nueva.*
- Las terminaciones de las palabras llanas *-viro* y *-vira* y las terminaciones *-ívoro* e *-ívora* de las palabras esdrújulas: *carnívoro, herbívora.* (Excepción: *víbora*).
- Las formas verbales del presente de indicativo, imperativo y subjuntivo de *ir,* el pretérito perfecto simple de indicativo y el pretérito imperfecto y el futuro de subjuntivo de *estar, andar, tener: vas, estuviste, tuviera.*
- Los elementos compositivos *vice-, viz-* o *vi-: vicepresidente, vizconde, virrey.*
- Las palabras en las que *ad-, sub-* y *ob-* preceden a este sonido: *advertir, subversivo, obvio.* (Excepción: cuando *sub-* precede a una palabra que comienza por *b: subbloque*).

La letra *j*

Se escriben con *j:*

- Las palabras que contienen el fonema fricativo velar sordo ante cualquier vocal: *jinete, jugo.* Este sonido también se representa por *g* delante de *e* o *i* en algunas palabras: *gesto* o *girar.*
- Las palabras derivadas de aquellas que tienen *j* delante de *a, o, u: cajero* (de *caja*), *cojear* (de *cojo*).
- Las palabras terminadas en *-plejía, -plejia* y *-ejión: apoplejía.*
- Las terminaciones *-aje, -eje* y *-jería: potaje, hereje, relojería.* (Excepciones: entre otras, *ambages*).
- Los verbos cuyo infinitivo termina en *-jar* y *-jear: rebajar, ojear.*
- Las formas verbales del pretérito perfecto simple, el pretérito imperfecto y el futuro de subjuntivo de *traer, decir* y sus derivados, así como de los verbos terminados en *-ducir: trajiste, dijera* o *dijese.*

La letra *g*

Se escriben con *g:*

- Las palabras que contienen el fonema velar sonoro ante las vocales *a, o, u* o ante cualquier consonante: *garra, grasa, magnífico.* Delante de *e* o *i,* se representa con *gu: guerra, guiño.* Para que, en los casos anteriores, la *u* se pronuncie llevará diéresis: *vergüenza.*
- Las palabras que comienzan por *geo-* y *gest-: geografía, gestar, gestión.*
- Las siguientes terminaciones:

  -gélico, -genario, -géneo, -génico, -genio, -génito, -gesimal, -gésimo y *-gético: angélico, octogenario.*

  -giénico, -ginal, -gíneo y *-ginoso: higiénico, virginal.*

  -gia, -gio, -gión, -gional, -gionario, -gioso y *-gírico: regia, litigio, región.*

  -gente y *-gencia: regente, regencia.*

  -ígeno, -ígena, -ígero o *-ígera: oxígeno.*

  -logía, -gogia o *-gogía: geología, demagogia, pedagogía*

  -algia: neuralgia
- Todas las formas verbales (salvo las que suenan *ja* o *jo*) de los verbos cuyo infinitivo termina en *-igerar, -ger* o *-gir: aligerar, proteger.* (Excepciones: *tejer, crujir* y sus derivados).

La letra *h*

Se escriben con *h:*

- Las sílabas iniciales *hia-, hie-, hue-* y *hui-: hiato, hierro.*
- Las palabras que comienzan por *histo-, hosp-, hum-, horm-, herm-, hern-, holg-* y *hog-: historia, hospital, humo, hormiga.*
- Los derivados de palabras con *h: deshonra.*
- Las palabras con diptongo *ue* precedido de vocal: *cacahuete.*
- Las formas verbales de *haber, hacer, hallar, hablar, habitar.*
- Interjecciones como *hala, bah, eh, oh.*
- Los elementos compositivos *hecto-, helio-, hema-, hemato-, hemo-, hemi-, hepta-, hetero-, hidra-, hidro-, higro-, hiper-, hipo-, holo-, homeo-, homo-: hectómetro, helioterapia.*

La letra *x*

Se escriben con *x:*

- Las palabras que comienzan por *expr-: expresión, exprimir.* (Excepciones: los extranjerismos adaptados como *espray.*
- Las palabras que empiezan por *expl-: explotar.* (Excepciones: *esplendor, espliego* y otras).
- Los prefijos *ex-* y *extra-: extender, extraordinario.*
- Los elementos compositivos *xeno-, xero-* y *xilo-: xenofobia.*

La letra *y*

Se escribe *y:*

- Para representar la vocal *i* al final de palabra precedida de otra vocal con la que forma diptongo, o de dos con las que forma triptongo: *muy, Uruguay.* (Excepciones: *bonsái, saharaui*).
- Para representar consonante:
  - En los plurales de las palabras terminadas en *y* en singular: *ley-leyes.* (Excepciones: *jerséis, samuráis*).
  - Cuando este sonido sigue a los prefijos *ad-, dis-* y *sub-.*
  - En las palabras que contienen la sílaba *yec-: inyección.*
  - En las formas verbales que precisan este sonido y no lo tiene en su infinitivo: *yendo* o *vayamos* (de *ir*).
  - En ciertas formas de los verbos acabados en *-oír* y *-uir.*

El dígrafo *ll*

Se escriben con *ll:*

- Las palabras que terminan en *-illa, -illo, -ello* y *-ella: orilla.*
- Muchos verbos terminados en *-illar, -ullar,* y *-ullir: pillar.*

Las letras mayúsculas

Se escriben con letras mayúsculas:

- Las siglas y acrónimos: *OTAN, AVE, IVA.* [(Excepciones: palabras que debido a su uso se han convertido en un nombre común (*sida*) o en un nombre propio (*Unicef*)].
- La numeración romana: *Juan Carlos I.*
- Los nombres propios: *Sergio, Rebeca, Lucas.*
- Los nombres geográficos donde el artículo forma parte del nombre: *La Habana, El Cairo.*
- Los apellidos que empiezan por preposición o artículo cuando no aparezca el nombre propio: *señora De Vega.*
- Los nombres de los signos del Zodíaco: *Creo que su signo es Aries.* (Excepciones: cuando se designa a las personas nacidas bajo tales signos: *Creo que Luis es aries*).
- Los sobrenombres o apodos: *Alfonso el Sabio.*
- Los tratamientos, cuando aparecen abreviados: *Ilmo. Sr.*
- Los nombres de instituciones, organismos, etc.: *el Tribunal Supremo.*
- Las entidades como organismo determinado: *el Estado, el Gobierno.*
- La primera palabra del título de una obra: *Rimas y leyendas.*
- Los títulos de periódicos y colecciones: *El Correo Español.*
- Los nombres de las ciencias en cuanto a asignaturas: *Se licenció en Historia.* (Excepciones: cuando no hacen referencia a la ciencia: *No tiene psicología para tratar a sus alumnos*).
- Los nombres de épocas, acontecimientos históricos o movimientos culturales: *la Antigüedad.* (Excepciones: si son acontecimientos puntuales: *el motín de Esquilache*).

ORTOGRAFÍA II: ACENTUACIÓN

Reglas generales

- Llevan tilde o acento gráfico las palabras agudas de más de una sílaba que terminan en vocal o en consonante *n* o *s: limpié, torreón, aguarrás.* Si la palabra termina en consonante + *s* no lleva la tilde: *robots.*
- Se escribe tilde en las palabras llanas que acaban en consonante que no sea ni *n* ni *s,* salvo que esa *n* o *s* vaya precedida de otra consonante: *césped, trébol.*
- Siempre se pone tilde en las palabras esdrújulas y sobresdrújulas: *máximo, encomiéndaselo.*

Diptongos y triptongos

- Se produce diptongo cuando pronunciamos en una sola sílaba el conjunto formado por dos vocales: una abierta o fuerte (*a, e, o*) y otra cerrada o débil átona (*i, u*) o las dos cerradas. A veces la combinación de vocales (también en el caso de que sean las dos abiertas o fuertes, no forma parte de la misma sílaba (*dí-a, puntú-a; etére-o*); se trata de un hiato.
- Ciertas combinaciones de vocales (por ejemplo, *fluir* o *flu-ir, in-clui-do* o *in-clu-i-do, des-via-do* o *des-vi-a-do...*) pueden ser diptongos o hiatos, según diversas circunstancias y pronunciaciones, pero, a efectos de acentuación gráfica, se considerará que se trata de diptongos.
- La *h* no impide que haya diptongo: *ahi-ja-do.*
- Los diptongos llevan acento gráfico (tilde) cuando lo exigen las reglas generales de acentuación: en palabras agudas como *movió, también, después;* en llanas como *alféizar;* en esdrújulas y sobresdrújulas como *muérdago, cuéntaselo.* La tilde irá sobre la vocal abierta o fuerte *(a, e, o):* Excepciones: cuando el diptongo esté formado por dos vocales cerradas o débiles *(i, u),* en tal caso, figurará sobre la última de ellas *(interviú, cuídaselo).*
- Un triptongo es la unión de tres vocales (una abierta o fuerte situada entre dos cerradas o débiles átonas) pronunciadas en una sola sílaba: *va-ciáis.* Cuando un triptongo necesite tilde por exigencia de las reglas generales de acentuación, figurará siempre sobre la vocal fuerte.

Hiatos

El hiato puede presentarse de tres formas:

- Formado por dos vocales iguales; entonces sigue las reglas generales de acentuación: *Feijoo* (llana terminada en vocal), *leéis* (aguda terminada en *s*).
- Formado por dos vocales abiertas; entonces también sigue las reglas generales de acentuación: *teatro* (llana terminada en vocal), *poético* (esdrújula).
- Formado por una vocal abierta y otra cerrada tónica; entonces siempre lleva tilde sobre esta última, aunque no lo exijan las reglas generales de acentuación, es decir, que toda *í* y toda *ú* tónica en contacto con una vocal abierta llevan tilde: *Matías, cohíbe, puntúa, aúna, hacíamos, países, aúlla.*

Palabras compuestas

- Normalmente se acentúan como las palabras simples, cuando lo exigen las reglas generales de acentuación: *hincapié* (aguda terminada en vocal), *contrarréplica* (esdrújula).
- Los adverbios terminados en *-mente* conservan la tilde en el lugar en que la llevara el adjetivo que lo forma: *hábilmente* (de *hábil*).
- En las palabras formadas por adjetivos separados con guion, cada elemento conservará su acento si lo tenía: *histórico-lingüístico, hispano-holandés.*
- En formas verbales con pronombres enclíticos, se escribe tilde cuando lo exigen las reglas generales de acentuación: *díselo* (esdrújula), *estate* (llana terminada en vocal).

Palabras y expresiones latinas

- Las palabras y expresiones latinas usadas en nuestra lengua deben acentuarse de acuerdo con las reglas generales de acentuación: *quórum, currículum.*

Palabras de otras lenguas

Si se usan palabras de otras lenguas que no se han integrado en nuestro idioma, y, por tanto, las escribimos con comillas o con letra cursiva, deberán escribirse como en la lengua a la que pertenecen: *catering.* (Excepción: si están incorporadas a nuestro idioma y adaptadas se aplican las normas generales de acentuación: *Támesis*).

Monosílabos

- Las palabras compuestas de una sola sílaba o que se pronuncian en un solo golpe de voz no llevan tilde: *sol, dio, fe, fie, hui, guion.*

Tilde diacrítica

- Algunas palabras monosílabas llevan tilde diacrítica, esto es, la que permite distinguir el significado de dos palabras con la misma forma.
  - *el* (artículo): *Coge el paraguas* / él (pronombre): *Ve con él.*
  - *tu* (posesivo): *Iré a tu casa* / *tú* (pronombre): *Tal vez tú puedes ir.*
  - *mi* (posesivo o nota musical): *Habla con mi madre* o *Un mi desafinado* / *mí* (pronombre): *Hazme caso a mí.*
  - *te* (pronombre): *Te puedes venir* / *té* (sustantivo que significa 'bebida', 'planta'): *Me tomaré un té.*
  - *mas* (conjunción): *Lo intentó, mas no lo consiguió* / *más* (adverbio): *Irá más lejos.*
  - *si* (conjunción o nombre de una nota musical): *Dime si vendrá; Do, re, mi, fa, sol, la, si* / *sí* (adverbio de afirmación o pronombre): *Creo que sí vendrá; No dará más de sí.*
  - *de* (preposición): *Caja de cartón* / *dé* (del verbo *dar*): *Quizá le dé mis patines.*
  - *se* (pronombre): *Ya se peina sola* / *sé* (del verbo *ser* o *saber*): *Sé bueno; Ya sé lo que haré.*
- Algunas otras palabras no monosílabas también llevan tilde diacrítica:
  - Los adverbios, los pronombres y los determinantes interrogativos o exclamativos (se les identifica fácilmente porque el significado interrogativo o exclamativo reside en ellos): *¿Qué llevaba en la maleta?, ¡Dónde se ha visto cosa igual!*
  - La palabra *aún* lleva tilde cuando equivale a 'todavía': *Juan es aún más rápido que Pablo, Ana es aún más graciosa que su hermano.* Y no la lleva si equivale a 'hasta', 'también', 'incluso', 'siquiera', o cuando forma la locución *aun cuando.*

Palabras que solemos escribir con tilde y no la llevan

Repasamos en esta breve lista algunas de las palabras que causan más dudas a la hora de escribirlas con tilde o sin ella.

- ***Fue, dio, vio:*** no llevan tilde, ya que las normas de ortografía establecen que los monosílabos no se acentúan nunca gráficamente, salvo en los casos de tilde diacrítica.
- ***Ti:*** suele acentuarse por analogía con otros pronombres como *mí* o *tú*. Pero estas formas la llevan para diferenciarse del *mi* y el *tu* adjetivos posesivos.
- ***Imagen, examen, volumen, resumen, origen, joven, margen:*** no llevan tilde por ser palabras llanas terminadas en *-n,* aunque sus plurales sí la llevan (*imágenes, exámenes, volúmenes, resúmenes, orígenes, jóvenes* y *márgenes*), ya que las formas en plural pasan a ser esdrújulas.
- ***Heroico, estoico:*** en estas palabras la secuencia *oi* es un diptongo, son por tanto palabras llanas, de tres sílabas y terminadas en vocal que no deben llevar tilde.
- ***Hubierais, hubieseis, fuerais, fueseis:*** se escriben sin tilde porque son palabras llanas terminadas en *-s.* Se silabean así: *hu-bie-rais, hu-bie-seis, fue-rais* y *fue-seis.*
- ***Acabose*** **y** ***ponme:*** las formas verbales que incluyen pronombres llevan tilde o no de acuerdo con las normas de acentuación ortográfica actuales (antes sí llevaba tilde *acabóse*). Como *acabose* y *ponme* son palabra llana terminada en vocal, lo apropiado es no poner la tilde.
- ***Continuo:*** el adjetivo continuo se escribe sin tilde por ser palabra llana terminada en vocal. Sí llevan acento ortográfico las formas verbales de presente y pasado *(yo) continúo* y *(ella) continuó.*
- ***Construido, incluido, influido, gratuito, huida, hinduismo, altruismo:*** todas estas palabras son llanas terminadas en vocal: *cons-trui-do, in-clui-do, in-flui-do, gra-tui-to, hui-da, hin-duis-mo, al-truis-mo.*
- ***Caracteres:*** en el plural de *carácter* se cambia el acento de la vocal *a* a la *e*, por lo que ha de escribirse y pronunciarse *caracteres,* no *carácteres.*

www.fundeu.es (Adaptación)

ORTOGRAFÍA III: SIGNOS DE PUNTUACIÓN

El punto

- Señala un fin de enunciado. Será punto y seguido si continúa el párrafo; punto y aparte si acaba el párrafo, y punto final si cierra un texto. La inicial de la siguiente palabra se escribirá en mayúscula.
- También se utiliza el punto para terminar las abreviaturas, aunque algunas de ellas no lo necesitan.
- Si ha de combinarse el punto con las comillas, los corchetes o los paréntesis de cierre, siempre se pondrá detrás de esos signos.

La coma

- Separa los miembros de una enumeración, salvo que vayan precedidos de *y, e, o, u*.
- Se escribe coma delante de esas conjunciones cuando encabezan un contenido distinto (consecutivo, por ejemplo) al elemento anterior: *Comió demasiado, cenó mucho, y aquella noche tuvo dolor de estómago.* También habrá coma delante de esa conjunción cuando sirva para enlazar con toda la proposición anterior, y no con el último de sus miembros: *Compró discos, libros, ropa, y pagó con su tarjeta.*
- Si en una relación los elementos están separados por punto y coma, y el último va encabezado por una conjunción copulativa, como *y*, puede ponerse delante de esta una coma o un punto y coma.
- La coma aísla al vocativo, por lo que se pone coma después de él si va al principio de la oración, delante de él si va al final y delante y detrás si va en medio de la oración: *María, ven aquí; Ven aquí, María; Ven, María, aquí.*
- Sirve para enmarcar los incisos:
  - La aposición explicativa: *Juan, mi hermano, vino ayer.*
  - Las proposiciones adjetivas explicativas: *Juan, que era el chico más simpático, vino ayer.*
  - Cualquier precisión o explicación a lo precedente: *Juan, y más gente, vino a la fiesta.*
  - La mención a un autor u obra citados: *El hombre, escribió un filósofo, es él y sus circunstancias.*
- Se suele anteponer coma a una conjunción o locución conjuntiva que une las proposiciones adversativas *(pero, aunque, sino)*; consecutivas *(conque, así que)*; causales y explicativas *(porque, pues).*
- Se separan con coma los enlaces del tipo de: *esto es, es decir, o sea, en fin, por último, por consiguiente, sin embargo...*; también los modificadores oracionales del tipo de: *generalmente, en definitiva...* Si van en el interior de una frase, deberán llevar coma al principio y al final.
- La coma indica la omisión de un verbo.
- La coma no debe separar el sujeto del verbo, salvo que la coma cierre un inciso.

Dos puntos

- Se emplean tras el anuncio de una enumeración o para cerrarla, antes de la palabra que sustituye a los elementos de esa enumeración: *Perros, gatos, canarios: esos son los animales de compañía más habituales.*
- Preceden a una cita textual (que comenzará en mayúscula).
- En ciertos documentos, siguen a la fórmula de saludo.
- Relacionan proposiciones que no presentan conjunciones; estas relaciones son:
  - De causa-efecto: *Llegó tarde: no pudo ver el partido.*
  - De conclusión o resumen de lo anterior: *Pidieron con exigencias injustificadas muchas cosas: no se las dieron.*
  - De verificación o explicación de lo anterior: *El examen de Física fue complicado: problemas que no vimos en clase y operaciones sin solución.*
- Separar la ejemplificación del resto de la oración: *Tengo claro el tema de mi relato: la soledad de los ancianos.*

Punto y coma

- Separa los miembros de una enumeración que ya incluye comas en su interior.
- Separa oraciones y proposiciones yuxtapuestas, sobre todo cuando contienen alguna coma.
- Va delante de conectores del tipo *pero, mas, sin embargo...* en los casos en que los enunciados son muy largos.

Puntos suspensivos

- Cierran enumeraciones incompletas y equivalen a *etc.*
- Expresan que, antes de lo que sigue, ha habido inseguridad, temor o vacilación.
- Aparecen al final de una cita textual si se omite una parte.

- Dentro de un paréntesis (...) o de corchetes [...] significan que en la transcripción literal de un texto se ha omitido una parte.
- Si cierran un enunciado, sigue letra mayúscula; si no, minúscula. En una cita que arranca con puntos suspensivos, también se escribirá minúscula: *«...y los sueños, sueños son»*.
- No debe escribirse tras ellos punto, pero sí puede ponerse coma, punto y coma o dos puntos.

Paréntesis y corchetes

- Enmarcan incisos o aclaraciones que interrumpen el sentido del discurso (con esta misma función pueden usarse las rayas).
- Los signos de puntuación correspondientes al segmento en el que va inserto el texto entre paréntesis se colocan siempre después del cierre de este: *¿Trabaja en una ONG (Organización No Gubernamental)?*
- El texto que figura entre paréntesis tiene su propia puntuación independiente; por tanto, si es interrogativo o exclamativo, los signos indicadores de ello deben figurar dentro del paréntesis: *Está muy preparado (¡acaba de terminar el doctorado!) para desempeñar esa misión; He puesto de todo (latas de conservas, leche, fiambres...) en la bolsa.*
- Los corchetes se utilizan como los paréntesis. Además, es preciso usarlos cuando dentro de lo que figura entre paréntesis hay que añadir una aclaración o inciso: *Para los europeos América (por aquel entonces [1212] no había sido descubierta) era como si no existiera.*
- El corchete de apertura se pone, en un poema, delante de las últimas palabras de un verso que no han cabido en la línea.

Raya

- Se emplea al principio y al final de una aclaración o inciso que interrumpe el discurso (como el paréntesis).
- Se escribe delante de las palabras que constituyen las intervenciones en un diálogo.
- Aparece delante del comentario del narrador a las intervenciones de los personajes. Si no continúan después las palabras del personaje, no se escribe la raya de cierre. En cambio, se ponen rayas al principio y al final del comentario si tras este continúa la intervención del personaje. Ejemplo: *«Enseguida voy—dijo Marta—. ¿Qué necesitas?».*

Comillas

- Enmarcan las citas textuales: *Entonces se pudo oír: «¡Félix!».*
- Se utilizan para delimitar una palabra o expresión que es impropia, vulgar o de otra lengua, o bien que se usa irónicamente o con un sentido especial: *¿Acaso «te se» ha caído esto?*

Guion

- Se emplea para separar, en una palabra compuesta, sus dos componentes: *aspectos socio-sanitarios.*
- Cuando una palabra (nunca la formada por siglas o abreviaturas escritas con todas sus letras mayúsculas) no cabe completa al final de un renglón, se escribe guion detrás de la última sílaba y el resto de la palabra, se pasa al principio del renglón siguiente. En estas particiones hay que tener en cuenta las siguientes indicaciones:
  - No deben separarse dos o más vocales seguidas: *sep-tiem-bre, coe-tá-neo.*
  - Debe ponerse después de una sílaba completa, salvo que se trate de una palabra compuesta de otras dos que funcionan independientes en nuestra lengua o bien está constituida por un prefijo; en estos últimos casos, el guion puede ponerse entre los dos formantes: *no-sotras* o *nos-otras; des-amparo* o *de-samparo.* Solo en este caso pueden separase vocales en contacto: *pre-existir.*
  - Si la primera sílaba de una palabra está constituida por una sola vocal, no deberá ponerse tras ella el guion: *aba-tir.* Esta norma queda invalidada si una *h* precede a la vocal (*hi-dratar*).
  - Si la palabra contiene una *h* precedida de una consonante, el guion deberá colocarse delante de la *h: in-hóspito.*
  - El guion no puede separar los dígrafos *ll, rr, ch.*

VERBOS REGULARES: *AMAR*

FORMAS NO PERSONALES SIMPLES								
INFINITIVO			GERUNDIO			PARTICIPIO		
Lex	Vt	D	Lex	Vt	D	Lex	Vt	D
am	- a	- r	am	- a	- ndo	am	- a	- do

FORMAS NO PERSONALES COMPUESTAS	
INFINITIVO	GERUNDIO
haber amado	habiendo amado

INDICATIVO			
PRESENTE			PRETÉRITO PERFECTO COMPUESTO
LEX	VT	D	
am	- Ø	- o	he amado
am	- a	- s	has amado
am	- a		ha amado
am	- a	- mos	hemos amado
am	- á	- is	habéis amado
am	- a	- n	han amado
PRETÉRITO IMPERFECTO			PRETÉRITO PLUSCUAMPERFECTO
am	- a	- ba	había amado
am	- a	- bas	habías amado
am	- a	- ba	había amado
am	- á	- bamos	habíamos amado
am	- a	- bais	habíais amado
am	- a	- ban	habían amado
PRET. PERFECTO SIMPLE			PRETÉRITO ANTERIOR
am	- é		hube amado
am	- a	- ste	hubiste amado
am	- Ø	- ó	hubo amado
am	- a	- mos	hubimos amado
am	- a	- steis	hubisteis amado
am	- a	- ron	hubieron amado
FUTURO			FUTURO PERFECTO
am	- a	- ré	habré amado
am	- a	- rás	habrás amado
am	- a	- rá	habrá amado
am	- a	- remos	habremos amado
am	- a	- réis	habréis amado
am	- a	- rán	habrán amado
CONDICIONAL			CONDICIONAL PERFECTO
am	- a	- ría	habría amado
am	- a	- rías	habrías amado
am	- a	- ría	habría amado
am	- a	- ríamos	habríamos amado
am	- a	- ríais	habríais amado
am	- a	- rían	habrían amado

SUBJUNTIVO			
PRESENTE			PRETÉRITO PERFECTO COMPUESTO
LEX	VT	D	
am	- e		haya amado
am	- e	- s	hayas amado
am	- e		haya amado
am	- e	- mos	hayamos amado
am	- é	- is	hayáis amado
am	- e	- n	hayan amado
PRETÉRITO IMPERFECTO			
am	- a	- ra / amase	
am	- a	- ras / amases	
am	- a	- ra / amase	
am	- á	- ramos / amásemos	
am	- a	- rais / amaseis	
am	- a	- ran / amasen	
PRETÉRITO PLUSCUAMPERFECTO			
hubiera / hubiese amado			
hubieras / hubieses amado			
hubiera / hubiese amado			
hubiéramos / hubiésemos amado			
hubierais / hubieseis amado			
hubieran / hubiesen amado			
FUTURO			FUTURO PERFECTO
am	- a	- re	hubiere amado
am	- a	- res	hubieres amado
am	- a	- re	hubiere amado
am	- á	- remos	hubiéremos amado
am	- a	- reis	hubiereis amado
am	- a	- ren	hubieren amado

IMPERATIVO		
LEX	VT	D
am	- a	
am	- a	- d

Lex: lexema; **Vt:** vocal temática; **D:** desinencias.

VERBOS REGULARES: *TEMER*

FORMAS NO PERSONALES SIMPLES								
INFINITIVO			GERUNDIO			PARTICIPIO		
Lex	Vt	D	Lex	Vt	D	Lex	Vt	D
tem	- e	- r	tem	- ie	- ndo	tem	- i	- do

FORMAS NO PERSONALES COMPUESTAS	
INFINITIVO	GERUNDIO
haber temido	habiendo temido

INDICATIVO			
PRESENTE			PRETÉRITO PERFECTO COMPUESTO
LEX	VT	D	
tem	- Ø	- o	he temido
tem	- e	- s	has temido
tem	- e		ha temido
tem	- e	- mos	hemos temido
tem	- é	- is	habéis temido
tem	- e	- n	han temido
PRETÉRITO IMPERFECTO			PRETÉRITO PLUSCUAMPERFECTO
tem	- Ø	- ía	había temido
tem	- Ø	- ías	habías temido
tem	- Ø	- ía	había temido
tem	- Ø	- íamos	habíamos temido
tem	- Ø	- íais	habíais temido
tem	- Ø	- ían	habían temido
PRET. PERFECTO SIMPLE			PRETÉRITO ANTERIOR
tem	- í		hube temido
tem	- i	- ste	hubiste temido
tem	- i	- ó	hubo temido
tem	- i	- mos	hubimos temido
tem	- i	- steis	hubisteis temido
tem	- ie	- ron	hubieron temido
FUTURO			FUTURO PERFECTO
tem	- e	- ré	habré temido
tem	- e	- rás	habrás temido
tem	- e	- rá	habrá temido
tem	- e	- remos	habremos temido
tem	- e	- réis	habréis temido
tem	- e	- rán	habrán temido
CONDICIONAL			CONDICIONAL PERFECTO
tem	- e	- ría	habría temido
tem	- e	- rías	habrías temido
tem	- e	- ría	habría temido
tem	- e	- ríamos	habríamos temido
tem	- e	- ríais	habríais temido
tem	- e	- rían	habrían temido

Lex: lexema; **Vt:** vocal temática; **D:** desinencias.

SUBJUNTIVO			
PRESENTE			PRETÉRITO PERFECTO COMPUESTO
LEX	VT	D	
tem	- a		haya temido
tem	- a	- s	hayas temido
tem	- a		haya temido
tem	- a	- mos	hayamos temido
tem	- á	- is	hayáis temido
tem	- a	- n	hayan temido
PRETÉRITO IMPERFECTO			
tem	- ie	- ra / temiese	
tem	- ie	- ras / temieses	
tem	- ie	- ra / temiese	
tem	- ié	- ramos / temiésemos	
tem	- ie	- rais / temieseis	
tem	- ie	- ran / temiesen	
PRETÉRITO PLUSCUAMPERFECTO			
hubiera / hubiese temido			
hubieras / hubieses temido			
hubiera / hubiese temido			
hubiéramos / hubiésemos temido			
hubierais / hubieseis temido			
hubieran / hubiesen temido			
FUTURO			FUTURO PERFECTO
tem	- ie	- re	hubiere temido
tem	- ie	- res	hubieres temido
tem	- ie	- re	hubiere temido
tem	- ié	- remos	hubiéremos temido
tem	- ie	- reis	hubiereis temido
tem	- ie	- ren	hubieren temido

IMPERATIVO		
LEX	VT	D
tem	- e	
tem	- e	- d

VERBOS REGULARES: *PARTIR*

FORMAS NO PERSONALES SIMPLES								
INFINITIVO			GERUNDIO			PARTICIPIO		
Lex	Vt	D	Lex	Vt	D	Lex	Vt	D
part	- i	- r	part	- ie	- ndo	part	- i	- do

FORMAS NO PERSONALES COMPUESTAS	
INFINITIVO	GERUNDIO
haber partido	habiendo partido

INDICATIVO

PRESENTE			PRETÉRITO PERFECTO COMPUESTO
LEX	VT	D	
part	- Ø	- o	he partido
part	- e	- s	has partido
part	- e		ha partido
part	- i	- mos	hemos partido
part	- Ø	- ís	habéis partido
part	- e	- n	han partido

PRETÉRITO IMPERFECTO			PRETÉRITO PLUSCUAMPERFECTO
part	- Ø	- ía	había partido
part	- Ø	- ías	habías partido
part	- Ø	- ía	había partido
part	- Ø	- íamos	habíamos partido
part	- Ø	- íais	habíais partido
part	- Ø	- ían	habían partido

PRET. PERFECTO SIMPLE			PRETÉRITO ANTERIOR
part	- í		hube partido
part	- i	- ste	hubiste partido
part	- i	- ó	hubo partido
part	- i	- mos	hubimos partido
part	- i	- steis	hubisteis partido
part	- ie	- ron	hubieron partido

FUTURO			FUTURO PERFECTO
part	- i	- ré	habré partido
part	- i	- rás	habrás partido
part	- i	- rá	habrá partido
part	- i	- remos	habremos partido
part	- i	- réis	habréis partido
part	- i	- rán	habrán partido

CONDICIONAL			CONDICIONAL PERFECTO
part	- i	- ría	habría partido
part	- i	- rías	habrías partido
part	- i	- ría	habría partido
part	- i	- ríamos	habríamos partido
part	- i	- ríais	habríais partido
part	- i	- rían	habrían partido

Lex: lexema; **Vt:** vocal temática; **D:** desinencias.

SUBJUNTIVO

PRESENTE			PRETÉRITO PERFECTO COMPUESTO
LEX	VT	D	
part	- a		haya partido
part	- a	- s	hayas partido
part	- a		haya partido
part	- a	- mos	hayamos partido
part	- á	- is	hayáis partido
part	- a	- n	hayan partido

PRETÉRITO IMPERFECTO		
part	- ie	- ra / partiese
part	- ie	- ras / partieses
part	- ie	- ra / partiese
part	- ié	- ramos / partiésemos
part	- ie	- rais / partieseis
part	- ie	- ran / partiesen

PRETÉRITO PLUSCUAMPERFECTO
hubiera / hubiese partido
hubieras / hubieses partido
hubiera / hubiese partido
hubiéramos / hubiésemos partido
hubierais / hubieseis partido
hubieran / hubiesen partido

FUTURO			FUTURO PERFECTO
part	- ie	- re	hubiere partido
part	- ie	- res	hubieres partido
part	- ie	- re	hubiere partido
part	- ié	- remos	hubiéremos partido
part	- ie	- reis	hubiereis partido
part	- ie	- ren	hubieren partido

IMPERATIVO

LEX	VT	D
part	- e	
part	- i	- d

VERBOS REGULARES: *SER*

FORMAS NO PERSONALES SIMPLES		
INFINITIVO	GERUNDIO	PARTICIPIO
ser	siendo	sido

FORMAS NO PERSONALES COMPUESTAS	
INFINITIVO	GERUNDIO
haber sido	habiendo sido

INDICATIVO	
PRESENTE	PRETÉRITO PERFECTO COMPUESTO
soy	he sido
eres	has sido
es	ha sido
somos	hemos sido
sois	habéis sido
son	han sido
PRETÉRITO IMPERFECTO	PRETÉRITO PLUSCUAMPERFECTO
era	había sido
eras	habías sido
era	había sido
éramos	habíamos sido
erais	habíais sido
eran	habían sido
PRET. PERFECTO SIMPLE	PRETÉRITO ANTERIOR
fui	hube sido
fuiste	hubiste sido
fue	hubo sido
fuimos	hubimos sido
fuisteis	hubisteis sido
fueron	hubieron sido
FUTURO	FUTURO PERFECTO
seré	habré sido
serás	habrás sido
será	habrá sido
seremos	habremos sido
seréis	habréis sido
serán	habrán sido
CONDICIONAL	CONDICIONAL PERFECTO
sería	habría sido
serías	habrías sido
sería	habría sido
seríamos	habríamos sido
seríais	habríais sido
serían	habrían sido

SUBJUNTIVO	
PRESENTE	PRETÉRITO PERFECTO COMPUESTO
sea	haya sido
seas	hayas sido
sea	haya sido
seamos	hayamos sido
seáis	hayáis sido
sean	hayan sido

PRETÉRITO IMPERFECTO
fuera / fuese
fueras / fueses
fuera / fuese
fuéramos / fuésemos
fuerais / fueseis
fueran / fuesen

PRETÉRITO PLUSCUAMPERFECTO
hubiera / hubiese sido
hubieras / hubieses sido
hubiera / hubiese sido
hubiéramos / hubiésemos sido
hubierais / hubieseis sido
hubieran / hubiesen sido

FUTURO	FUTURO PERFECTO
fuere	hubiere sido
fueres	hubieres sido
fuere	hubiere sido
fuéremos	hubiéremos sido
fuereis	hubiereis sido
fueren	hubieren sido

IMPERATIVO
sé
sed

Lex: lexema; **Vt:** vocal temática; **D:** desinencias.

© kukuxumusu